# HISTOIRE INTÉRIEURE

# DE ROME

## JUSQU'A LA BATAILLE D'ACTIUM

TIRÉE DES ROEMISCHE ALTERHÜMER

DE

# L. LANGE

PAR

# A. BERTHELOT ET DIDIER

— •◦• —

## PARIS

### ERNEST LEROUX, ÉDITEUR

28, Rue Bonaparte, 28

—

1886

FASCICULE N°

—

Souscription à l'ouvrage complet, 2 forts volumes : **20** fr

M. Antonius, et faillit perdre la vie [1]; M. Antonius avait été autrefois du parti de Clodius [2]; depuis il était allé trouver César et avait changé de parti : il venait de quitter le camp de César avec Gabinius pour venir à Rome briguer la questure [3]. Ce fut encore à la suite de violences du même genre que le nouveau tribun Q. Pompéius Rufus (entré en fonctions le 10 décembre) fit arrêter l'édile M. Favonius [4]. Enfin les consuls étaient décidés à ne plus différer les comices ; Milon paraissait avoir les plus grandes chances de succès [5]; alors éclata une émeute dans laquelle les deux consuls furent blessés [6]. Le sénat s'occupa de l'affaire : Clodius fut accusé d'avoir empêché la réunion des comices ; il accusa à son tour Milo, lui reprochant de n'avoir pas, dans sa profession publique, donné le chiffre exact de ses dettes. Cicéron défendit Milo : il prononça à ce sujet son *Interrogatio de aere alieno Milonis*, qui est aujourd'hui perdue [7]. Le sénat prit le deuil [8]; les comices n'en furent pas moins ajournés. L'anuée se termina au milieu d'une agitation qui devenait de plus en plus dangereuse : le même sénat avait proscrit les cultes de Sérapis et d'Isis ; l'opinion s'inquiéta, parce que les cultes avaient pris un grand développement, et que des prodiges néfastes suivirent le décret du sénat [9].

Au début de 52, il n'y eut pas de consuls; l'anarchie était plus grande qu'au commencement de l'année précédente; Pompée avait, par l'intermédiaire du tribun T. Munatius Plancus Bursa, empêché le sénat de voter le sénatus-consulte *de patriciis convocandis*, et rendu ainsi impossible la nomination d'un interroi [10]. Cette situation anarchique se prolongea,

[1] Cic., *Mil.*, 15, 40. *Phil.*, 2, 9, 21. 2, 20, 49. Schol. Bob., p. 288. Dio C., 45, 40.

[2] Cic., *Phil.*, 2, 19, 48.

[3] Cic., *Phil.*, 2, 20, 49. Dio C., 45, 26; Dio C. se trompe, 45, 40.

[4] Dio C., 40, 45.

[5] Cic., *Mil.*, 9, 25. 35, 96.

[6] Dio C., 40, 46. Schol. Bob., p. 343.

[7] Schol. Bob., p. 341. Cic., *Fragm.*; p. 950. Halm. Cf. Plin., *n. h.*, 36, 15, 24, 104.

[8] Dio C., 40, 46.

[9] Dio C., 40, 47. Cf. Val. Max., 1, 3, 3.

[10] Ascon., p. 32. Les historiens grecs parlent toujours du sénat quand il est question de nommer un interroi. (Dion., 8, 90. 9, 14. 11, 20. 62. App.,

aggravée chaque jour par les violences que provoquaient les tribuns dans les assemblées, surtout Q. Pompéius Rufus et

*b. c.*, 1, 98; surtout Dio C., 40, 49.) Ils se sont tous trompés. D'abord, quand s'ouvre un interrègne, ce n'est pas le sénat qui est chargé de prendre les auspices, ce sont les *patres* des *gentes* patriciennes. Voici quelques expressions significatives que Tite-Live met dans la bouche du patricien Appius Claudius, le défenseur énergique de la *majestas gentium patriciarum*; quand il s'agit des auspices, Appius oppose à la plèbe, non le sénat, mais les *patres* patriciens : *Penes quos igitur sunt auspicia more majorum? nempe penes patres, nam plebeius quidemmagistratus nullus auspicato creatur. Nobis adeo propria sunt auspicia, ut non solum quos populus creat patricios magistratus, non aliter quam auspicato creet, sed nos quoque sine suffragio populi auspicato interregem prodamus et privatim auspicia habeamus, quæ isti ne in magistratibus quidem habent. Quid igitur aliud, quam tollit ex civitate auspicia, qui plebeios consules creando à patribus, qui soli ea habere possunt, aufert?* (Liv., 6, 41 ; cf. 4, 2. 6. 7, 6. 10, 8. Gell., 15, 4.) Pour Rubino et Mommsen, ces *patres* sont les sénateurs patriciens ; la chose est inadmissible, parce que, dans le sénat, les sénateurs patriciens n'ont pas d'autorité propre en tant que patriciens ; donc, puisque les *gentes* patriciennes sont seules dépositaires des auspices, les mêmes *gentes*, ou plutôt les *patres familias*, chefs de ces *gentes*, héritent du pouvoir suprême quand se produit un interrègne.

En second lieu, pendant la période républicaine, l'élection de l'interroi a toujours été faite non par le sénat, mais par les *patres : et ipsum patricium esse et a patricio prodi necesse est*, dit Cic., *de Dom.*, 14, 38. Cf. Zon., 7, 9. Avant la réunion des *patres*, intervenait un sénatus-consulte (Ascon., p. 32. Dio C., 40, 49); ce sénatus-consulte mentionnait d'abord le fait que les anciens magistrats avaient remis leurs fonctions (Cic., *de Leg.*, 3, 3, 9; cf. *ad Brut.*, 1, 5, 4); il portait ensuite que les patriciens étaient convoqués, appelés à se réunir ; on l'appelait le sénatus-consulte *de patriciis convocandis* (remarquer que *convocare* n'est pas synonyme de *calare*); alors les *patres* devaient se réunir, *coire*, συνελθεῖν (Liv., 3, 40. 4, 7. 43. 6, 41. 22, 34. Ascon., ad Cic. Mil., p. 32. Or. Cf. Dion., 11, 62). Les *Patres familias gentium patriciarum* se réunissaient en dehors du sénat, d'eux-mêmes, sans qu'il fût besoin d'aucune autorisation de magistrat, puisqu'il n'y avait plus de magistrat ; l'intercession tribunitienne ne pouvait rien sur leurs délibérations. L'intercession dont parle Ascon., p. 32, à l'époque dont nous parlons ne visait pas la réunion elle-même, mais le sénatus-consulte dont nous avons parlé plus haut. Il faut entendre dans le même sens l'expression de Tite-Live, 4, 43 : *Modo prohibentibus tribunis patricios coire ad prodendum interregem.* Leur assemblée ne peut être assimilée à celle des *comitia curiata*, puisque les fils des familles patriciennes (*filii familias*) n'y étaient pas admis ; elle diffère aussi des *comitia calata*, puisqu'elle n'était convoquée par personne ; c'était une réunion spontanée des *patres*, *conventio patrum*, à laquelle on peut donner jusqu'à un certain point le nom de *concilium populi ;* elle est quelquefois désignée de cette façon : Liv., 1, 36. Cf. 3, 71. 6, 20. 1, 26. 2, 7. Le plus âgé, ou le plus notable des *patres*, devait désigner l'endroit de la réunion ; elle devait se tenir en présence des

C. Sallustius Crispus[1] ; enfin, le 18 janvier[2], Milo et Clodius
se rencontrèrent par hasard sur la voie Appienne, près de
Bovillæ devant la propriété de Clodius ; ce dernier fut tué par
les gladiateurs de Milo, que dirigeait Sauféius[3]. Le sénateur
Sex. Tédius fit rapporter le cadavre à Rome dans la maison
de Clodius ; il se fit un grand rassemblement, les pleurs de
Fulvia, veuve de Clodius, portèrent l'émotion populaire à son
comble[4]. Le lendemain, les tribuns Q. Pompéius Rufus et
T. Munatius Plancus réunirent une assemblée ; on avait placé
le cadavre sur les rostres ; la foule surexcitée s'en empara, et,
conduite par Sex. Clodius, le transporta dans la curie Hostilia ;
là on brûla le corps de Clodius ; la curie fut incendiée, ainsi
que la basilique Porcia qui était voisine[5]. Ces incidents ame-
nèrent enfin la nomination d'un interroi : M. Æmilius Lépidus
fut nommé le 20 janvier[6].

L'ordre fut loin de se rétablir ; Lépidus, étant le premier
interroi, refusa de convoquer les comices[7] ; pendant les cinq
jours que durèrent ses pouvoirs, il resta assiégé dans sa
maison par les partisans de Clodius, jusqu'à ce que ceux de
Milo vinrent chasser les bandes de Clodius, et le délivrer[8].
Milo était audacieusement rentré dans Rome ; il maintint sa

---

pontifes et des augures, les *patres* devaient y siéger par curie, *curiatim*.
[N. D. T.]

[1]) Cic , *Mil.*, 10, 27. 17, 45. Ascon, p. 49.

[2]) Ascon., p. 32. Cic., *Mil.*, 10, 27. 17, 45. Cf. *Att.*, 5, 13, 1. 6, 1, 26.

[3]) Ascon., p. 32. 36. 42. 54. Schol. Bob., p. 275. Cic., *Mil.*, 10, 28.
20, 53. *Phil.*, 2, 9, 21. Liv., *ep.*, 107. Vell., 2, 47. Suet., *Cæs.*, 26. Dio
C., 40, 48. Plut., *Cic.*, 35. App. *b. c.*, 2, 20.

[4]) Ascon., p. 33.

[5]) Ascon., p. 33. 43. 46. 55. Schol. Bob., p. 275. 280. Cic., *Mil.*, 13,
33. 32, 86. 33, 90. *Phil.*, 13, 12, 27. Dio C., 40, 49. App., *b. c.*, 2, 21.

[6]) Ascon., p. 43. Schol. Bob., p. 281.

[7]) La tradition, *mos majorum*, défendait au premier interroi de faire
procéder à des élections. L'État, en effet, après la mort du roi, à l'époque
primitive , se trouvait dans la situation d'une famille qui a perdu son chef
(*pater*). Tant que le mort n'avait pas été enseveli, la famille était dite
*funesta* ; par assimilation, la grande famille de l'État fut aussi considérée
pendant les cinq premiers jours qui suivaient la mort du roi, comme *funesta* ;
pendant ces premiers jours, elle ne pouvait accomplir aucun acte pour
constituer un nouveau chef à la tête de l'État. Ces cinq jours étaient *nefasti*,
par conséquent on ne pouvait procéder aux élections. [N. D. T.]

[8]) Ascon., p. 43. 34. Schol. Bob., p. 281. Cic., *Mil.*, 5, 13.

candidature au consulat, et fit distribuer dans toutes les tribus
1,000 as à chaque citoyen [1]. Il voulut rendre visite à Pompée,
Pompée refusa de le recevoir [2]; Q. Pompéius Rufus exploita cet
incident dans une assemblée (*contio*) tenue le 23 janvier; dans
une autre assemblée, le tribun M. Cælius Rufus, pour se venger
des accusations que Clodius avait fait porter par deux fois
contre lui [3], défendit Milo : il y eut encore un nouveau combat
entre les bandes des deux partis [4]. Neuf jours après l'assassinat de Clodius, par conséquent le 26 janvier, une grande
foule était réunie sur le forum pour le repas funèbre (*cena
novemdialis*); elle se dirigea vers la maison de Milo et essaya
de l'incendier [5]. Elle alla ensuite chercher des faisceaux dans
les bois de Libitina, et pria Hypsæus et Scipio de les accepter.
Ces derniers ne voulurent pas usurper ainsi les fonctions
consulaires; alors la même foule se porta devant la maison
de Pompée, en dehors de la ville; parmi les manifestants, les
uns l'invitèrent à prendre les fonctions consulaires, les autres
à se faire dictateur [6].

Le sénat se décida enfin à rendre un sénatus-consulte (*sena-
tusconsultum ultimum*) qui devait mettre fin à l'anarchie; il
confia le soin de sauver l'État à l'interroi, aux tribuns et à
Pompée; Pompée agirait en qualité de proconsul; il fut chargé
de faire une levée d'hommes en Italie [7]. Avant qu'il eût quitté
Rome pour procéder au recrutement d'une armée, le sénat
charga Faustus Sylla de reconstruire la curie Hostilia, qui avait
autrefois été réparée par Sylla [8]. Pompée leva en peu de temps
une armée [9], mais il ne se hâta pas faire procéder aux élections
consulaires : il craignait que Milo fût élu; d'autre part, il trou-

---

[1]) Ascon., p. 34. 36. Cic., *Mil.*, 23, 61 et seq.

[2]) Ascon., p. 50 et seq.

[3]) Voir plus haut, p. 363 et 383.

[4]) Ascon., p. 34. Cic., *Mil.*, 33, 91. App., *b. c.*. 2, 22. Cf. Cic., *Brut.*,
79, 273.

[5]) Dio C., 40, 49. Ascon., p. 34.

[6]) Ascon., p. 34.

[7]) Ascon., p. 35. 51. Cic., *Mil.*, 23, 61. 26, 70. Cæs., *B. G.*, 7, 1. Dio
C., 40, 49.

[8]) Dio C., 40, 50. 44, 5.

[9]) Ascon., p. 35.

vait l'occasion favorable pour s'emparer du pouvoir sous
n'importe quelle forme. Pour discréditer Milo auprès du
sénat et forcer ce dernier à se tourner vers lui, Pompée affecta
de prendre des précautions contre Milo ; il refusa de le recevoir [1] et rompit toutes les relations indirectes qu'il entretenait
avec lui par l'intermédiaire de leurs amis communs [2]. Il rappela, dans une assemblée convoquée par Q. Pompéius Rufus,
T. Munatius Plancus et C. Sallustius Crispus, les bruits d'un
attentat projeté contre sa propre personne par Milo [3]. Le
18 février, au sénat, Métellus Scipio contredit le récit fait par
M. Cælius Rufus de ce qui s'était passé sur la voie Appienne,
et raconta les faits d'une manière moins favorable à Milo [4].
Au commencement du mois intercalaire qui suivait le 23 février,
les parents de Clodius firent des démarches auprès de Pompée,
pour obtenir que Milo fût poursuivi ; les deux neveux de
Clodius (les fils de C. Claudius appelés tous deux Appius
Claudius [5]), demandèrent que les esclaves de Milo fussent
interrogés et mis à la torture : ils voulaient seulement faire
constater que Milo les avait affranchis pour les soustraire à
ce supplice [6], et exploiter cette circonstance dans les assemblées
contre Milo.

On comprit dès lors que Pompée désirait vivement un
pouvoir extraordinaire, et que la dictature de Pompée répondrait aux vœux du plus grand nombre ; quelques-uns avaient
mis en avant la candidature de César pour le consulat ; alors
le sénat décida, sur la proposition de M. Bibulus, soutenu par
M. Cato, que Pompée serait d'abord, contrairement à la loi,
seul consul, *consul sine collega ;* on lui imposa cependant
l'obligation de choisir lui-même son collègue dans le délai de
deux mois [7]. L'élection de Pompée était entachée d'autres

[1] Ascon., p. 51.
[2] Ascon., p. 36.
[3] Ascon., p. 50. Cic., *Mil.*, 24, 65.
[4] Ascon,, p. 36.
[5] Mommsen, I. L. A., p. 182.
[6] Ascon , p. 35.
[7] Ascon., p. 37. Suet., *Cæs.*, 26. Val. Max., 8, 15, 8. Dio C., 40, 50.
Plut., *Pomp.*, 54. *Cæs.*, 28. *Cat. min.*, 47. App., *b. c.*, 2, 23. Zon., 10, 7.

irrégularités; il n'y avait pas dix ans que Pompée était sorti
de son second consulat. Il fut élu sous la présidence de l'interroi Ser. Sulpicius Rufus cinq jours avant les kalendes de
mars, soixante jours après l'assassinat de Clodius. Pompée prit
immédiatement possession de ce pouvoir nouveau [1], qui offrait
une grande ressemblance avec la dictature [2]; en même temps
il conserva son proconsulat d'Espagne.

[1]) App., *b. c.*, 2, 23.
[2]) Ascon., p. 37. Liv., *ep.*, 107. Vell., 2, 47. Plut., *Pomp.*, 54.

# CHAPITRE DIX-HUITIÈME

## LE TROISIÈME CONSULAT DE POMPÉE

La mort de Julia avait rendu possible la rupture entre
Pompée et César; Pompée cependant n'y songeait nullement
au moment où il prit possession de son troisième consulat.
Quant à César, il était alors bien occupé en Gaule ; il n'avait
pu, comme il l'avait espéré, venir, après sa campagne de
Bretagne, passer l'hiver de 54-53, dans la Gaule cisalpine [1] ;
la révolte d'Ambiorix, chef des Éburons, l'en avait empêché.
Par la faute de ses lieutenants Q. Titurius Sabinus et L. Aurun-
culeius Cotta, il avait perdu quinze cohortes [2]; mais il avait
réussi à dégager Q. Cicéron, enveloppé par les ennemis, sur
le territoire des Nerviens [3], et T. Atius Labiénus avait
triomphé des Trévires [4]. Pour réparer ces pertes, César avait
amicalement demandé à Pompée de lui prêter une des légions
qu'il avait levées en Italie, surtout dans la Gaule cisalpine,
pour aller en Espagne ; ces légions n'avaient pas été mises en
marche, parce que Pompée n'en avait pas eu besoin. Pompée
y avait consenti au printemps de 53, se souciant peu de com-
mettre une illégalité : il n'avait pas, en effet, le droit de
disposer ainsi d'un légion, le sénat seul avait autorité pour
en décider [5]. César leva en outre deux nouvelles légions [6],

[1]) Cæs., *B. G.*, 5, 24. 53. Dio C., 40, 4. 9. 11.
[2]) Cæs., *B. G.*, 5, 26-37. Liv., *ep.*, 106. Flor., 3, 10, 7. Suet., *Cæs.*,
25. Oros., 6, 10. Dio C., 40, 5. Plut., *Cæs.*, 24.
[3]) Cæs., *B. G.*, 5, 38-52. Liv., *ep.*, 106. Front., 3, 17, 6. Oros., 6, 10.
Dio C., 40, 7-10. Plut., *Cæs.*, 24. Cf. Cic., *ad Q. fr.*, 3, 8, 2.
[4]) Cæs., *B. G.*, 5, 53-58. Oros., 6, 10. Dio C., 40, 11.
[5]) Cæs., *B. G.*, 6, 1. Cic., *Fam.*, 8, 4, 4. Oros., 6, 10. Plut., *Cat. min.*,
45. *Pomp.*, 52. *Cæs.*, 25. Dio C., 40, 65. App., *b. c.*, 2, 29.
[6]) Cæs., *B. G.*, 6, 1. 32. Cf. Suet., *Cæs.*, 24.

et, après avoir augmenté ses forces, se mit à la poursuite
d'Ambiorix, qu'il ne put atteindre; il passa une seconde fois
le Rhin pour empêcher les tribus germaniques de revenir
fomenter des insurrections en Gaule[1]. Il passa l'hiver de 53-
52 dans la Cisalpine, pour surveiller de plus près en même
temps les progrès de l'anarchie et l'ambition de Pompée[2].

La situation réciproque de ces deux grands personnages
était maintenant changée par suite de la mort de Crassus.
Crassus avait pris le gouvernement de la Syrie avec l'intention
de faire une campagne contre les Parthes; les prétextes ne
manquaient pas[3], son prédécesseur, Gabinius, aurait pu déjà
l'entreprendre. Dévoré d'ambition[4], Crassus ne tint aucun
compte des présages funestes qui avaient marqué son départ
de Rome et son embarquement à Brundisium[5]; il ne se laissa
pas plus arrêter par la considération qu'à son âge on n'était
plus apte à diriger les opérations d'une grande entreprise.
Son premier acte fut de piller le temple de Jérusalem (54); il
emporta tout l'or qui s'y trouvait[6]. Il fit ensuite une incursion
dans le pays des Parthes, mais négligea d'assurer l'occupation
du territoire compris entre l'Euphrate et le Tigre[7]. Quand
son fils Publius[8], qui avait servi jusque-là sous les ordres de
César[9], lui eut amené 1,000 cavaliers d'élite[10], il passa de
nouveau l'Euphrate, bien que les présages fussent peu
favorables[11]; il se laissa égarer par des guides vendus aux
Parthes qui le conduisirent dans une embuscade; près de
Carrhes (Carrhæ), il fut obligé de livrer bataille au chef des
Parthes. Son fils Publius fut tué, Crassus éprouva une défaite

---

[1]) Cæs., *B. G.*, 6, 2-44. Dio C., 40, 31. 32. Liv., *ep.*, 107. Oros., 6, 10.
[2]) Cæs., *B. G.*, 6, 44. 7, 1. 8, 23. Dio C., 40, 32.
[3]) Dio C., 39, 56. App., *Syr.*, 51.
[4]) Cic., *Fin.*, 3, 22, 75. *Off.*, 1, 8, 25. Flor., 3, 11.
[5]) Cic., *de Divin.*, 2, 40, 83.
[6]) Jos., *ant. Jud.*, 14, 7, 1. *B. Jud.*, 1, 8, 8. Oros., 6, 13. Cf. Cic.,
*Flacc.*, 28, 67.
[7]) Dio C., 40, 12-16. Plut., *Crass.*, 17.
[8]) Cic., *Fam.*, 5, 8, 4
[9]) Cæs., *B. G.*, 1, 52, 2. 34. 3, 7.
[10]) Plut., *Crass.*, 17.
[11]) Obseq., 64.

complète [1]. La retraite fut mal conduite ; Octavius se sacrifia inutilement pour sauver Crassus [2], Crassus périt ; le questeur C. Cassius Longinus [3] ne put ramener en Syrie [4] que quelques débris de cette belle armée, composée au début de sept légions [5].

Crassus avait succombé le 9 juin 53 [6] ; la nouvelle en fut apportée à Rome au moment où Domitius et Messala prenaient possession du consulat (en juillet). Avec Crassus disparaissait le triumvirat ; son influence n'était pas grande, mais sa seule présence suffisait pour empêcher l'un ou l'autre des autres triumvirs d'imposer sa dictature [7]. Pompée comprit aussitôt le changement qui venait de s'accomplir ; désormais il laissa paraître d'une manière plus évidente son désir d'arriver à la dictature, et s'appuya plus franchement sur les Optimates pour combattre César [8]. Devenu seul consul, Pompée rechercha les conseils de Caton [9] et renonça au double mariage qui avait été mis en avant par César : César devait épouser une fille de Pompée déjà promise à Faustus Sylla ; Pompée épouserait en même temps une petite nièce de César, Octavia, fille de C. Octavius et de Atia, laquelle Atia était fille de M. Atius Balbus et de Julia, sœur de César [10]. Pompée préféra épouser Cornelia, fille de M. Scipio, veuve de Crassus [11].

Pompée n'osa pas encore rompre ouvertement avec César. César, de son côté, avait encore besoin de plusieurs années pour terminer la soumission des tribus gauloises ; il chargea

---

[1] Dio C., 40, 17-24. Plut., *Crass.*, 18-27. Liv., *ep.*, 106. Val. Max., 1, 6, 11. Oros., 6, 13. Cf. Cic., *Brut.*, 81, 282. Hor., *Carm.*, 3, 6, 9.

[2] Plut., *Crass.*, 27.

[3] Plut , *Crass.*, 18. 20.

[4] Dio C., 40, 25-28. Plut., *Crass.*, 28-33. App., *b. c.*, 2, 18. Liv., *ep.*, 106. Vell., 2, 46. Flor., 3, 11. Eutr., 6, 18. Oros., 6, 13. Cf. Cic., *de Div.*, 2, 9, 22.

[5] Plut., *Crass.*, 20.

[6] Ovid., *Fast.*, 6, 465.

[7] Plut., *Cæs.*, 28. *Pomp.*, 53. Flor., 4, 2, 13.

[8] Dio C., 40, 50. Cic., *Att.*, 8, 3, 3. Vell., 2, 47.

[9] Plut., *Pomp.*, 54. *Cat. min.*, 48.

[10] Suet., *Cæs.*, 27.

[11] Dio C., 40, 51. Plut., *Pomp.*, 55. 74. Zon., 10, 9. Ascon., p. 32. Vell., 2, 54.

les tribuns qui s'étaient prononcés pour lui pendant l'interrègne, et avaient proposé de le nommer consul avec Pompée,
de préparer son élection au consulat pour l'année 48 [1], dans
des conditions exceptionnelles : ainsi, malgré la loi de 63 [2], il
pourrait être candidat en 49 (ses pouvoirs extraordinaires
prenaient fin le 1er mars de cette année [3]), sans être tenu de
venir à Rome, tout en conservant son armée et le gouvernement de ses provinces [4]. Heureux de ne pas avoir César pour
collègue en ce moment [5], Pompée approuva ce plan ; il décida
Cicéron, qui lui donnait les meilleurs conseils sans pouvoir se
faire écouter [6], à agir auprès du tribun M. Cælius Rufus pour
l'empêcher d'opposer son intercession [7]. La proposition put
alors passer et fut considérée comme l'œuvre commune des
dix tribuns [8] ; Caton cependant la combattit [9] ; voilà l'acte
législatif qui fut plus tard le point de départ de la guerre
civile. César était venu en Italie ; à Ravenne [10], il vit Cicéron
qu'il engagea à s'employer pour soutenir la proposition des
tribuns [11] ; il repartit pour la Gaule pendant l'hiver [12], quand la
proposition fut votée, ou du moins quand son acceptation fut
considérée comme certaine [13].

Pompée s'occupa ensuite de rétablir l'ordre en empêchant
la brigue [14] qui avait pris des proportions si scandaleuses.
Deux jours après son entrée au consulat, il présenta au sénat
deux projets de loi sur la violence et sur la brigue [15] ; quatre
jours plus tard, par conséquent le dernier jour du mois inter-

---

[1]) Suet., *Cæs.*, 26.
[2]) Voir plus haut, page 374.
[3]) Dio C., 40, 51. Cæs., *b. c.*, 3, 1. 1, 32.
[4]) Cic., *Att.*, 7, 7, 6.
[5]) Dio C., 40, 51.
[6]) Cic., *Phil.*, 2, 10, 24. *Fam.*, 6, 6, 5. *Att.*, 7, 6, 2.
[7]) Cic., *Att.*, 7, 7, 1.
[8]) Cic., *Att.*, 7, 3, 4. 8, 3, 3. Flor., 4, 2, 16.
[9]) Cæs., *b. c.*, 1, 32, Liv., *ep.*, 107. App., *b. c.*, 2, 25.
[10]) Cf. Flor., 3, 10, 22.
[11]) Cic., *Att.*, 7, 1, 4.
[12]) Cæs., *B. G.*, 7, 8. 10. 32. 6.
[13]) App., *b. c.*, 2, 25 fait une erreur de date.
[14]) Cic., *Mil.*, 28, 78. *Phil.*, 1, 7, 18. Vell., 2, 47.
[15]) Ascon., p. 37. 44.

calaire, furent rendus les sénatusconsultes qui approuvaient la proposition des deux lois.

La loi *Pompeia de ambitu* était une loi générale sur la brigue[1], qui devait remplacer la loi (Acilia) Calpurnia modifiée déjà par la loi Tullia[2]. Elle aggravait les peines et diminuait la durée des opérations judiciaires[3]. Nous ne savons pas exactement dans quel sens elle rendait les peines plus sévères, nous supposons qu'elle imposait l'exil comme peine principale[4]. Pour abréger la procédure, Pompée imita les dispositions de la loi Julia repetundarum; on devait entendre les témoins avant la défense; cette formalité ne pouvait pas prendre plus de trois jours; le quatrième jour, au plus tard, on devait tirer au sort les jurés; le cinquième jour, l'accusé et l'accusateur devaient parler devant le tribunal composé de quatre-vingt et un juges; deux heures étaient accordées à l'accusateur, trois à la défense; les deux parties pouvaient ensuite récuser cinq juges dans chacune des trois décuries; les cinquante et un juges restants rendaient immédiatement le jugement[5]. On supprimait les éloges prononcés par des amis (*laudationes*) et autres formalités[6]. La loi avait un effet rétroactif; en pourrait accuser d'après la méthode nouvelle tous ceux qui s'étaient rendus coupables de brigue depuis le premier consulat de Pompée[7]. La loi Calpurnia portait qu'un citoyen condamné pour brigue pourrait se réhabiliter en faisant condamner un autre citoyen pour la même cause; la loi de Pompée modifia un peu cette disposition : la réhabilitation ne serait accordée qu'à celui qui aurait obtenu la condamnation de deux personnes du même rang ou d'un rang inférieur, ou bien la condamnation d'une personne

---

[1]) Cf. Cic., *Att.*, 13, 49, 1. 10, 4, 8.
[2]) Voir, pour la loi Calpurnia, p. 233; pour la loi Tullia, p. 268.
[3]) Ascon., p. 37.
[4]) Cic., *Att.*, 9, 14, 2. Cf. Dio C., 43, 27.
[5]) Ascon., p. 37. 40. Dio C., 40, 52. 55. Cic., *Brut.*, 94, 324. Tac., *Dial.*, 38. Cf. Cæs., *b. c.*, 3, 1.
[6]) Dio C., 40, 52. 55. Plut., *Pomp.*, 55. *Cat., min.*, 48.
[7]) App., *b. c.*, 2, 23. Plut., *Cat. min.*, 48.

de rang supérieur [1]. La loi enfin accordait à Pompée le droit
de dresser l'album des juges pour l'année courante [2].

La loi *Pompeia de vi* était une loi spéciale [3] ; elle établissait
un tribunal extraordinaire pour juger ceux qui avaient assassiné
Clodius, incendié la curie et attaqué la maison de M. Æmilius
Lepidus [4]. Elle établissait des peines plus sévères que la loi
Plautia de vi [5], et reproduisait les dispositions de la loi de
Ambitu concernant la procédure [6]. L'enquête devait être faite
sous la direction d'un citoyen élu par le peuple parmi les
consulaires sous la présidence de Pompée [7] ; les juges devaient
être choisis sur l'album dressé par Pompée [8].

Caton parla contre la loi sur la brigue, parce qu'en principe
il était opposé à ce que la loi eût un effet rétroactif [9]. Les partisans de César firent remarquer que le consulat de César était
compris dans la période visée par Pompée : César pourrait
donc être poursuivi pour brigue en vertu de la loi nouvelle.
Pompée répondit, non sans malice [10], que son second consulat
était aussi compris dans cette période ; il ne croyait pas qu'on
pût soupçonner la conduite de César [11], pas plus que la sienne.
Toute opposition cessa devant cette habile déclaration ; on ne
tint plus compte de l'observation de Caton, et la loi fut
approuvée par le sénat.

La loi de vi rencontra une opposition plus sérieuse. On
admit généralement la nécessité d'un tribunal extraordinaire ;
mais on prétendit aussi qu'on pouvait l'établir au moyen de
la loi Plautia, qu'une loi nouvelle était inutile. Sans doute dans
la proposition de Pompée, le nom de Milo n'était pas prononcé,
mais, vu les faits, la loi n'en était pas moins une loi d'exception

---

[1]) Dio C., 40, 52. App., *b. c.*, 2, 24.
[2]) Ascon., p. 39. Dio C., 40, 52.
[3]) Gell., 10, 20.
[4]) Ascon., p. 37. Cic., *Mil.*, 6, 15. 26, 70. 29, 79. Schol. Bob., p. 276.
Schol. Gron., p. 443.
[5]) Voir plus haut, page 192.
[6]) Ascon., p. 37. 40. 53.
[7]) Ascon., p. 39. Cic., *Mil.*, 8, 22.
[8]) Ascon., p. 39. Dio C., 40, 52.
[9]) Plut., *Cat., min.*, 48.
[10]) Cf. Suet., *Cæs.*, 30.
[11]) App., *b. c.*, 2, 23.

dirigée contre lui [1]. Q. Hortensius défendit cette manière de voir et rédigea une proposition qui fut soumise au sénat ; le prétorien Q. Fufius Calénus, poussé par le tribun T. Munatius Plancus, demanda la division du vote. La première partie de la proposition : *P. Clodii cædem et incendium curiæ et oppugnationem ædium M. Lepidi contra rem publicam factum esse*, fut acceptée ; mais la seconde partie, *ut extra ordinem de ea re sed ex veteribus legibus quæreretur*, fut arrêtée par l'intercession de T. Munatius et de C. Sallustius [2]. En somme le sénat n'avait pas formellement condamné la loi, Pompée se crut suffisamment autorisé à la porter devant le peuple.

Dans les assemblées la loi fut encore l'objet des plus vifs débats. Le 1er mars, le lendemain de la séance, T. Munatius Plancus communiqua au peuple la résolution du sénat, et la représenta comme une condamnation prononcée d'avance contre Milo [3]. Avec Q. Pompéius Rufus il employa tous les moyens pour exciter le peuple contre Milo et le disposer en faveur de la loi Pompeia de vi ; il alla jusqu'à présenter au peuple des gens qui avaient soi-disant les plus graves révélations à faire sur le compte de Milo [4]. Milo fut défendu par le tribun M. Cælius Rufus, qui combattit aussi la loi de Pompée, en tant que loi d'exception [5] ; son collègue Q. Manilius Cumanus l'aida à prendre les mesures nécessaires pour protéger Milo [6]. Dans les assemblées tenues par M. Cælius, Caton [7] et Cicéron se prononcèrent aussi en faveur de Milo ; toutes ces démarches furent inutiles. Cicéron venait d'être élu augure sur la proposition de Pompée et d'Hortensius à la place de P. Crassus [8] ; il resta cependant fidèle à Milo, malgré la haine que Pompée ressentait pour ce dernier [9], malgré les menaces de T. Muna-

---

[1] Cic., *Mil.*, 5, 13. *Phil.*, 2, 9, 22. Cf. *Fam.*, 15, 4, 12. Dio C., 46, 20.

[2] Ascon., p. 44, 45. Schol. Bob., p. 276. 281. Cic., *Mil.*, 5, 13 et seq.

[3] Ascon., p. 44.

[4] Ascon., p. 38.

[5] Ascon., p. 37. Cf. Gell., 10, 20.

[6] Ascon., p. 38.

[7] Cic., *Mil.*, 22, 58.

[8] Cic., *Phil.*, 2, 2, 4. 13, 5, 12. *Brut.*, 1, 1. *Fam.*, 8, 3, 1. 15, 4, 13. Plut., *Cic.*, 36.

[9] Cic., *Fam.*, 3, 10, 10.

tius, de Q. Pompéius Rufus, de C. Sallustius; T. Munatius,
qu'il avait cependant défendu autrefois [1], et Q. Pompéius Rufus
le menacèrent même de l'indiction (*diei dictio*) [2]. Cicéron ne
se laissa pas intimider; mais ne put empêcher le peuple de se
montrer favorable à la loi de Pompée. Pompée était devenu
définitivement le défenseur de Clodius : en 56 il s'était déjà
réconcilié avec lui, s'était brouillé de nouveau [3], et finalement s'était encore réconcilié [4]. Il encouragea les tribuns qui
excitaient le peuple, affecta de croire que Milo en voulait à sa
vie [5], prit une garde personnelle [6], et menaça de faire taire
M. Cælius Rufus, en employant contre lui la violence [7].

Les lois de Pompée furent votées après l'intervalle règle-
mentaire de trois semaines, peu de temps après les ides de
mars. Il réunit aussitôt les comices pour faire nommer le président du tribunal extraordinaire ; L. Domitius Ahénobarbus,
le consul de 54, fut élu [8]. Ce fut aussi à ce moment qu'il dut faire
élire les préteurs. A. Manlius Torquatus fut élu et eut la
présidence du tribunal qui devait juger les procès de brigue [9];
probablement aussi M. Considius Nonianus, qui partagea la
présidence du tribunal de vi ex lege Plautia avec un certain
L. Fabius qui devait être un juge des tribunaux criminels [10].
La question des cabales (*quæstio de sodaliciis*) fut présidée par
M. Favonius qui n'était certainement pas préteur, mais un ancien édile requis pour assister les préteurs (*judex quæstionis*) [11].

---

[1] Cic., *Fam.*, 7, 2, 3.
[2] Ascon., p. 38. 49. Cic., *Mil.*, 5, 12. 18, 47.
[3] Cic., *ad Q. fr.*, 3, 4, 2.
[4] Cic., *Mil.*, 8, 21.
[5] Ascon., p. 37. Cic., *Mil.*, 24, 66.
[6] Ascon., p. 37. 39.
[7] Ascon., p. 37.
[8] Ascon., p. 39. Cic., *Mil.*, 8, 22.
[9] Ascon., p. 40.
[10] Ascon., p. 54. 55.
[11] Les préteurs n'étaient pas assez nombreux pour constituer les tribunaux
criminels ; alors on choisissait, pour compléter l'organisation des tribunaux,
d'anciens édiles qui prenaient le titre de juges criminels, *judices quæstionis*.
Pendant l'année qui suivait leur sortie de charge, les édiles, en vertu de la
loi, devaient se tenir à la disposition des préteurs. Nous avons dit un peu
plus haut (page 250, note 10) que le cas se produisit d'abord pour le tribunal

Enfin Pompée dressa l'album des juges ; il inscrivit 360 noms [1].

Alors furent présentées de nombreuses accusations contre Milo : les deux Appius Claudius, auxquels se joignirent M. Antonius et P. Valérius Népos (comme *subscriptores*), l'accusèrent de violence en vertu de la loi de Pompée [2] ; il fut accusé pour brigue, aussi en vertu de la loi de Pompée, d'une part par les deux Appius Claudius, de l'autre par C. Céthégus et L. Cornificius ; pour violence en vertu de la loi Plautia par L. Cornificius et Q. Patulcius ; enfin il eut encore à répondre à l'accusation d'avoir formé des cabales (*de sodaliciis*); P. Fulvius Neratus le poursuivit pour ce fait en vertu de la loi Licinia [3]. On désigna d'abord (par une *divinatio*) ceux qui soutiendraient devant le tribunal l'accusation de brigue; les deux Appius Claudius furent chargés de porter l'accusation; P. Valérius Léo et Cn. Domitius, fils de Cn. Domitius Calvinus, furent autorisés à les assister (comme *subscriptores*) [4]. L. Domitius Ahénobarbus et A. Manlius Torquatus citèrent Milo à comparaître le 4 avril. Il se présenta devant L. Domitius Ahénobarbus (président de la question de vi), et chargea un de ses défenseurs [5], M. Claudius Marcellus, de solliciter un délai de l'autre tribunal jusqu'à ce que son premier procès fût terminé. On fit droit à sa réclamation [6]. Devant le tribunal, l'aîné des Appius Claudius demanda de nouveau que cinquante-quatre des esclaves de Milo fussent mis à la torture; Milo répondit, comme il l'avait déjà fait auparavant, que la chose n'était pas possible, puisqu'il avait affranchi ses esclaves. Appius demanda alors qu'il lui fût permis de citer comme témoins

---

qui avait à juger les assassinats et les maléfices (*de sicariis et veneficis*). Ces juges avaient des privilèges, des insignes, par exemple des *lictores*, des *viatores* (Cic., *Cluent.*, 53, 147, 27, 74), mais n'étaient cependant que les mandataires des préteurs, à qui ils devaient toujours en référer. [N. D. T.]

[1] Ascon., p. 39. Cic , *Mil.*, 8, 21. 38, 105. *Fam.*, 7, 2, 3. Plut., *Pomp.*, 55. Vell., 2, 76.

[2] Ascon., p. 42. 40 ; cf. 35.

[3] Ascon., p. 40. 54. Cf. Dio C., 40, 53.

[4] Ascon , p. 40. 54 ; cf. 35.

[5] Cf. Ascon, p. 35.

[6] Ascon., p. 40.

tous ceux des esclaves de Clodius qu'il désignerait. Après avoir consulté le tribunal, Ahénobarbus lui accorda cette autorisation [1]; on l'avait refusée à M. Cælius Rufus, qui avait voulu mettre à la torture ces mêmes esclaves dans l'intérêt de Milo [2].

Le lendemain, 5 avril, on entendit les témoins; en vertu de la loi cette formalité devait occuper le tribunal pendant trois jours. Le premier jour, M. Marcellus posa quelques questions à un témoin à charge, C. Cassinius Schola; les partisans de Clodius poussèrent de grands cris; effrayés Marcellus et Milo demandèrent une force armée pour les protéger, Pompée l'accorda [3]. Il n'y eut plus de désordres pendant les deux autres jours; la plupart des témoignages furent contraires à Milo [4], mais M. Favonius fit une déposition qui lui était très favorable [5]. Le troisième jour, quand le tribunal eut déclaré que l'on ne recevrait plus de dépositions, et tout préparé pour le tirage au sort des jurés qui devait avoir lieu le lendemain, T. Munatius Plancus réunit une assemblée, vers la dixième heure, pour inviter le peuple à venir le lendemain faire une manifestation autour du tribunal, dans le but d'intimider les juges [6]. Le 8 avril [7] (il y avait cent-deux jours que le meurtre de Clodius avait été commis [8]), Pompée fit occuper le forum avec ses troupes [9]. L'aîné des Appius, M. Antonius et P. Valérius Népos soutinrent l'accusation. La défense fut présentée par Cicéron, qui parla seul; effrayé par le déploiement de forces militaires, déconcerté par les cris des partisans de Clodius, Cicéron fut au-dessous de lui-même et défendit fort mal son client [10]. Milo fut condamné

---

[1]) Ascon., p. 40. Cic., *Mil.*, 21, 57. 22, 59.

[2]) Ascon., p. 35.

[3]) Ascon., p. 41. Dio C., 40, 53. Cf. Cic., *Att.*. 9, 7 B, 2.

[4]) Ascon., p. 41.

[5]) Cic., *Mil.*, 9, 26. 16, 44.

[6]) Ascon., p. 41. 43. 52. Cic., *Mil.*, 2, 3. 26, 71.

[7]) Ascon., p. 31. 41.

[8]) Cic., *Mil.*, 35, 98.

[9]) Ascon., p. 41. Cic., *Mil.*, 1, 2. 26, 71. 37, 101. *Opt. Gen. or.*, 4, 10; cf. *Att.*, 9, 14, 2.

[10]) Ascon., p. 42. Schol. Bob., p. 276. Dio C., 40, 54. Plut., *Cic.*, 35.

par 38 voix contre 13[1], il partit aussitôt pour l'exil, et se
retira à Marseille[2]. Cicéron lui adressa plus tard son plai-
doyer *pro Milone* qu'il avait depuis composé à loisir[3]. Le
9 avril, Milo absent fut encore condamné pour brigue par le
tribunal de ambitu, quelques jours après par le tribunal de
sodaliciis que présidait M. Favonius, et enfin par le tribunal
de vi ex lege Plautia présidé par L. Fabius[4]. Les propriétés
de Milo étaient grevées de dettes, que l'acheteur était tenu de
payer, elles furent vendues pour une demi-once[5].

M. Sauféjus fut aussi poursuivi en vertu des deux lois
Pompéia et Plautia pour avoir pris part au meurtre de Clodius;
Cicéron le défendit dans ces deux procès et le fit acquitter[6].
Dans le parti opposé, Sex. Clodius et un grand nombre de
partisans de Clodius furent condamnés pour avoir pris part à
l'incendie de la curie et à l'attaque dirigée contre la maison
de M. Æmilius Lepidus[7]. Vinrent ensuite de très-nombreux
procès de brigue intentés en vertu de la loi de Pompée[8].

On poursuivit encore les candidats au consulat de 53,
M. Æmilius Scaurus et C. Memmius Gemellus, et le candidat
de 52, P. Plautius Hypsæus. Le peuple se prononça en faveur
de Scaurus contre son accusateur; Pompée fut obligé
d'envoyer à Scaurus l'ordre formel de se présenter devant le
tribunal, et de disperser le peuple par la force armée[9]. Cicéron
le défendit[10], mais ne réussit pas à le faire acquitter[11].
Pompée se prononça énergiquement contre Hypsæus; Hypsæus se jeta vainement à ses pieds, il fut condamné[12], ainsi
que C. Memmius Gemellus. Mais Gemellus voulut se réhabi-

---

[1]) Ascon., p. 53. Cf. App., *b. c.*, 2, 24. Liv., *ep.*, 107. Vell., 2, 47.
[2]) Ascon., p. 54.
[3]) Dio C., 40, 54. Cf. 46, 7.
[4]) Ascon., p. 54.
[5]) Ascon., p. 54. Cf. Cic., *Fam.*, 8, 3, 2. *Att.*, 5, 8. 5, 10, 4. 6, 4, 3.
6, 5. 6, 7, 1.
[6]) Ascon., p. 54.
[7]) Ascon., p. 55.
[8]) Cic., *Brut.*, 94, 324. *Fam.*, 5, 18. Cæs., *b. c.*, 3, 1.
[9]) App., *b. c.*, 2, 24.
[10]) Quint., 4, 1, 69.
[11]) App., *b. c.*, 2, 24. Cic., *Off.*, 1, 39, 138.
[12]) Dio C., 40, 53. Plut., *Pomp.*, 55. Val. Max., 9, 5, 3.

liter en se servant de la loi de Pompée ; il porta une accusation de brigue contre Q. Métellus Scipio qui avait brigué le consulat avec lui, et était le beau-père de Pompée ; ce dernier ne craignit pas de violer sa propre loi pour sauver Scipio ; il prit le deuil, manda auprès de lui les 360 juges, et leur demanda comme une grande faveur l'acquittement de Scipio[1]. Gemellus abandonna l'accusation et s'exila à Patræ[2]. Pour soustraire Scipio à une nouvelle accusation, Pompée le prit comme collègue pendant les cinq derniers mois de l'année[3].

Scipio crut rendre un grand service à l'État en faisant une nouvelle loi sur la censure, mais il connaissait mal la question[4]. Sous la dernière censure, les poursuites faites en vertu de la loi Clodia n'avaient pas eu le résultat qu'on attendait[5] ; Scipio remplaça la loi Clodia par la loi *Cæcilia de censurâ*[6]. Scipio ne comprenait pas que les temps étaient changés, que les censeurs ne pouvaient plus avoir le courage de redresser les mœurs. Les censeurs ne pouvaient plus alors essayer de corriger leurs contemporains, le nombre de ceux qu'il aurait fallu punir dans le sénat et dans l'ordre des chevaliers était trop grand. Clodius avait eu l'habileté de ne pas rendre les censeurs responsables des désordres qu'ils ne réprimaient pas ; en vertu de la loi Cæcilia, les censeurs seraient seuls responsables des châtiments qu'ils infligeraient, et des désordres qu'ils négligeraient de réprimer ; il était à prévoir que personne ne se présenterait plus pour remplir la charge de censeur, à moins qu'il n'eût complètement perdu la raison[7]. D'ailleurs, Scipio lui-même aurait dû être poursuivi un des premiers ; il ne craignit pas, quoique consul, d'assister à un festin donné en son honneur par un appariteur de tribun, et dans lequel se prostituèrent des femmes de haut rang[8].

---

[1] App., *b. c.*, 2, 24. Plut., *Pomp.*, 55. Val. Max., 9, 5, 3.
[2] Cic., *Fam.*, 13, 19, 2 ; cf. 13, 1, 1. *Att.*, 5, 11, 6.
[3] Dio C., 40, 51. 53. Plut., *Pomp.*, 55. App., *b. c.*, 2, 25.
[4] Cic., *Att.*, 6, 1, 17 et seq.
[5] Cic., *Att.*, 4, 16, 14.
[6] Dio C., 40, 57.
[7] Dio C., 40, 57.
[8] Val. Max., 9, 1, 8.

Pompée présenta encore deux autres lois qui visaient la brigue.

La première était une loi *de provinciis ;* il transforma en loi le sénatus-consulte de 53 [1], en vertu duquel les magistrats ne devaient plus prendre possession de leurs provinces en sortant de charge, comme l'autorisait la loi Cornelia (voir plus haut, page 181), mais cinq ans après avoir été consul et préteur ; cette loi annulait la loi Sempronia de provinciis consularibus (tome II, p. 47). Elle aurait pu avoir de bons résultats, mais il fallait décider les grands personnages à s'y soumettre, et Pompée lui-même, qui l'avait fait accepter dans le but de nuire à César [2], fut le premier à donner l'exemple de la violation d'une loi qu'il avait proposée, *suarum legum auctor idem ac subversor* [3]. Ainsi la loi Trebonia (voir plus haut, p. 373) lui avait donné le gouvernement des deux Espagnes pour une période de temps qui expirait en 50 ou à la fin de 51 ; il se fit donner les mêmes provinces par une loi tribunitienne pour une nouvelle période de cinq ans, et le sénat lui accorda le droit de prendre tous les ans mille talents dans le trésor pour la solde de ses légions [4]. De cette manière, Pompée ne serait plus obligé d'abandonner son commandement avant César ; nous savons que les pouvoirs confiés à ce dernier par la loi Pompeia Licinia prenaient fin le 1er mars 49.

La seconde loi, *lex Pompeia de jure magistratuum*, était une loi générale sur l'élection et les fonctions des magistrats. Un article de cette loi — c'est tout ce que nous en savons, — renouvelait une disposition législative de 63 en vertu de laquelle il fallait être présent à Rome pour poser sa candidature. Les césariens furent très inquiets ; ils comprirent que cette disposition permettrait d'annuler la loi tribunitienne votée en faveur de César. Pompée n'osait pas encore se brouiller avec César ; cependant il ne pouvait pas s'habituer

---

[1] Dio C., 40, 56. D'après le contexte, il est facile de comprendre que le sénatus-consulte de 53 fut confirmé par un vote du peuple, et devint une loi ; cf. 40, 30. 46.

[2] Cf. Cæs., *b. c.,* 1, 6. 85.

[3] Tac., *Ann.,* 3, 28.

[4] Dio C., 40, 56. 44. Plut., *Pomp.,* 55. *Cæs.,* 28. App., *b. c.,* 2, 24.

à l'idée de voir César prendre une seconde fois possession des fonctions consulaires[1]; il modifia pourtant sa loi en y ajoutant l'article suivant : la loi ne s'appliquerait pas à ceux en faveur desquels le peuple voterait ou aurait voté une dispense. Pompée ne comprit pas que cette addition rendait la loi absolument inutile ; les personnages les plus puissants, par conséquent les plus dangereux pour la république, obtiendraient toujours facilement cette dispense[2]. Quant à celle qui avait été accordée à César, les ennemis de ce dernier pouvaient en contester la valeur légale, et ils le firent, nous le verrons plus loin[3].

Pompée violait non seulement les lois en général, mais ses propres lois[4], il en donna un nouvel exemple à la fin de son consulat. En sortant de charge (10 décembre), les tribuns Q. Pompeius Rufus et T. Munatius Plancus Bursa furent poursuivis avec d'autres pour avoir pris part à l'incendie de la curie, toujours en vertu de la loi Pompeia de vi[5]. Nous savons peu de choses du procès de Q. Rufus ; il fut accusé par M. Cælius Rufus, et fut condamné[6]. Pompée fit tous ses efforts pour sauver Munatius, et remit au tribunal un éloge écrit (*laudatio*) de l'accusé. Caton ne manqua pas de protester, en qualité de juge, contre une pareille violation de la loi, et, malgré l'intervention de Pompée, Munatius fut condamné[7]. Il s'enfuit auprès de César[8], qui avait déjà accueilli, et accueillit surtout à ce moment[9], beaucoup de condamnés[10].

Caton se présenta au consulat pour l'année suivante, 51. Il avait fait voter par le sénat une résolution portant que les candidats devraient solliciter eux-mêmes les suffrages des

---

[1]) Cf. Vell., 2, 30.
[2]) Dio C., 40, 56. Suet., *Cæs.*, 28. Cf. Cic., *Att.*, 8, 3, 3.
[3]) Suet., *Cæs.*, 28.
[4]) Tac., *Ann.*, 3, 28.
[5]) Dio C., 40, 55.
[6]) Val. Max., 4, 2, 7. Cic., *Fam.*, 8, 1, 4.
[7]) Dio C., 40, 55. Plut., *Pomp.*, 55. *Cat. min.*, 48. Cic., *Fam*, 7, 2, 2. *Att.*, 6, 1, 10. *Phil.*, 6, 4, 10. 13, 12, 27. Val. Max., 6, 2, 5.
[8]) Cic., *Fam.*, 8, 1, 4.
[9]) Cic., *Fam.*, 7, 2, 4. Dio C., 40, 55.
[10]) Cic., *Att.*, 10, 4, 8. App., *b. c.*, 2, 25.

citoyens, et ne pourraient plus se servir d'agents. On savait qu'il désirait le consulat uniquement pour enlever à César le gouvernement des Gaules ; il ne distribua pas d'argent, et ne fit aucune avance au peuple ; il échoua [1] ; il irrita encore le peuple davantage en accueillant la nouvelle de son échec avec une stoïque indifférence [2]. Les consuls élus furent M. Claudius Marcellus, grand orateur [3] et adversaire résolu de César, et le jurisconsulte Ser. Sulpicius Rufus qui avait déjà été candidat en 62 ; agissant à l'inverse de son ami Caton, il sut tenir compte des circonstances, et se ménagea les faveurs populaires [4]. Ces consuls ne furent pas les maîtres de l'État ; Pompée continua à diriger la politique en restant à Rome ; il fit administrer ses provinces par des lieutenants [5]. Parmi les préteurs élus en même temps, nous relevons les noms de A. Plautius et de M. Juventius Laterensis ; le premier était un partisan de Pompée [6], le second, un adversaire résolu de César [7].

[1] Plut., *Cat. min.*, 49. Dio C., 40, 58. Cf. Cæs., *b. c.*, 1, 4.
[2] Plut., *Cat. min.*, 50.
[3] Cic., *Brut.*, 71, 249.
[4] Dio C., 40, 58. Liv., *ep.*, 108. Cf. Cic., *Att.*, 7. 3, 3.
[5] App., *b. c.*, 2, 25. Cf. Val. Max., 6, 2, 7. Amm. Marc., 17, 11, 4.
[6] Cic., *Att..* 5, 15, 1.
[7] Cic., *Fam.*, 8, 8, 2.

# CHAPITRE DIX-NEUVIÈME



Au moment où Pompée devenait le maître de Rome comme chef des Optimates, César en Gaule courait le danger de perdre le résultat de ses six années de campagne. Vercingétorix [1] avait réussi à soulever et à grouper les tribus gauloises ; il comptait d'autant plus sur le succès que l'on s'attendait à voir César retenu en Italie par les événements qui survinrent à Rome au commencement de 52 [2]. César était venu faire les levées dans la Cisalpine pour compléter ses légions [3] ; quand il revint dans la Transalpine, il éprouva de grandes difficultés à joindre l'ennemi et à concentrer ses troupes en présence des Gaulois [4]. Enfin, après des marches longues et pénibles, après des sièges qui lui demandèrent beaucoup de temps et de peines, il put écraser dans deux combats qui durèrent plusieurs jours la grande armée gauloise sous les murs d'Alesia; Alesia succomba et Vercingétorix se rendit [5]. A Rome, on vota des actions de grâces qui durèrent vingt jours [6]. César passa l'hiver à Bibracte [7].

Cette dernière victoire faisait disparaître le prétexte que César avait mis en avant pour réclamer le privilège de briguer le consulat de 48 en restant à la tête de ses provinces. Rappelons qu'en vertu de la loi Pompeia Licinia, ses pouvoirs

---

1) Cæs., *B. G.*, 7, 4.
2) Cæs., *B. G.*, 7, 1. Plut., *Cæs.*, 26.
3) Cæs., *B. G.*, 7, 1. 7. 57. Cf. Suet., *Cæs.*, 24.
4) Cæs., *B. G.*, 7, 6 et seq.
5) Cæs., *B. G.*, 7, 9-89. Dio C., 40, 33-41. Plut., *Cæs.*, 25 et seq. Liv., *ep*, 107. Vell., 2, 47. Suet., *Cæs.*, 25.
6) Cæs., *B. G.*, 7, 90. Cf. Dio C., 40, 50. Plut., *Cat. min.*, 51.
7) Cæs., *B. G.*, 7, 90. 8, 2.

devaient se prolonger jusqu'au 1ᵉʳ mars 49, mais, en réalité, ils ne devaient prendre fin que le 1ᵉʳ janvier 48, César ne pouvant abandonner le commandement qu'à l'arrivée de son successeur ; or la loi Cornelia ne permettait pas de le faire arriver en Gaule avant le 1ᵉʳ janvier 48. Les deux années 51 et 50 devaient suffire à César pour désarmer les tribus qui étaient encore en armes [1], et châtier les Illyriens qui venaient de surprendre Tergeste (52) [2]. César n'avait plus qu'un intérêt personnel à invoquer pour demander que son second consulat fît immédiatement suite à son pouvoir proconsulaire. Il avait bien compris que, par sa loi sur les magistratures, Pompée avait eu l'intention d'annuler la loi des dix tribuns et de lui enlever le privilège de briguer le consulat tout en conservant le gouvernement de ses provinces [3]. Il avait compris aussi que la loi sur les provinces permettait de lui donner un successeur le 1ᵉʳ mars 49, ce successeur pouvant être pris parmi les anciens consulaires. Il put aussi supposer que Pompée, dont le désir le plus ardent était d'amener César à briguer le consulat en qualité de simple citoyen (*privatus*), voulait le mettre en accusation en vertu de la loi Pompeia de ambitu [4], ou du moins voulait lui faire sentir sa supériorité ; Pompée, en effet, était proconsul d'Espagne, avait une armée, et de plus dirigeait à Rome les affaires de l'État au nom des consuls [5] ; de là jalousie de César qui, dans l'intérêt de sa propre sûreté, ne voulait pas occuper la seconde place dans la république ; il comprit qu'il serait plus facilement chassé de cette place inférieure qu'obligé de descendre du premier rang au second [6].

Le conflit était inévitable ; César prit ses mesures et doubla, probablement à cette époque, la solde de ses légions [7]. Il continua à s'attacher des sénateurs et d'autres citoyens par ses libéralités ; il paya leurs dettes, disant à tous, sous forme


[1] Cæs., *B. G.*, 8, 24.
[2] Cf. App., *Illyr*., 12.
[3] Liv., *ep.*, 108. Cf. Cic., *Att.*, 7, 7, 6.
[4] App., *b. c.*, 2, 25.
[5] App., *b. c.*, 2, 25. Cf. Dio C., 40, 44.
[6] Suet., *Cæs.*, 29.
[7] Suet., *Cæs.*, 26. Cf. Cæs., *B. G.*, 7, 89.

de plaisanterie, qu'une guerre civile était devenue nécessaire[1]. Pour ne pas se laisser oublier du peuple, il continua les constructions commencées en 54, fit de grands préparatifs pour les jeux funèbres et le repas qui devaient être donnés au sujet de la mort de sa fille[2]. Il chercha à s'assurer les sympathie des rois qui avaient conservé une indépendance nominale, des principaux municipes et des grandes villes des provinces en les comblant d'attentions et en leur rendant des services[3]. Avant tout, il s'assura le dévouement des habitants de la Cisalpine. On se rappelle que la loi Vatinia (voir plus haut, p. 320) l'avait autorisé à donner le droit de cité aux Latins de la colonie de Novum Comum ; il fit de cette loi, paraît-il, un usage exagéré[4]. Il semble même qu'à ce moment il reprit son projet de 67 (voir plus haut, p. 231), et promit de faire accorder le droit de cité à tous les Latins de la Gaule transpadane. César écrivit encore au sénat ; il parla des lois de Pompée, et demanda que, conformément à la loi des dix tribuns, on lui laissât le gouvernement des Gaules jusqu'au 1er janvier 48[5].

Tous ces faits décidèrent le consul M. Claudius Marcellus à convoquer le sénat, probablement en avril, époque où beaucoup de sénateurs étaient à la campagne ; étant le plus jeune consul, Marcellus avait précisément les faisceaux pendant ce mois. Son édit de convocation portait qu'il avait à faire une communication sur les grands intérêts de la république, *de summa republica*[6]. Il ne proposa pas cependant de donner un successeur à César (*de successione provinciarum Galliarum*)[7] ; il parla de l'illégalité commise par César qui avait accordé le droit de cité aux Latins de Novum Comum ; en développant son sujet, il put dénoncer le péril dont César menaçait la république, et parler de la nécessité de lui donner un successeur[8]. Son collègue Ser. Sulpicius Rufus trouva

[1]) Suet., *Cæs.*, 27. Cf. Cic., *Fam.*, 8. 4, 2. 8, 1, 4.
[2]) Suet., *Cæs.*, 26.
[3]) Suet., *Cæs.*, 27.
[4]) Suet., *Cæs.*, 28. Cf. Cic., *Fam.*, 13, 35, 1.
[5]) App., *b. c.*, 2, 25. Plut., *Cæs.*, 29.
[6]) Suet., *Cæs.*, 28.
[7]) Cic., *Fam.*, 8, 1, 2.
[8]) Suet., *Cæs.*, 28.

que de pareilles propositions étaient prématurées, et pouvaient
conduire à la guerre civile[1]. Le sénat prit une résolution fort
défavorable à César, mais les tribuns firent intercession, elle
ne fut qu'une démonstration hostile sans effet[2]. En mai, —
on ne connaissait pas encore l'impression produite sur César
par le vote du sénat, — on craignit à Rome qu'il ne réglât
par lui-même la question des Latins de la transpadane ;
du reste il les avait déjà en fait considérés comme des
citoyens en les enrôlant dans les nouvelles légions. Cette
crainte fut confirmée par la nouvelle, qui était fausse,
que César avait donné l'ordre aux villes transpadanes de
nommer des quattuorviri, ce qui, équivalait à leur reconnaître
la constitution des municipes romains[3]. Pompée était à Ta-
rente[4], il déclara qu'il combattrait et empêcherait les illégali-
tés de ce genre[5]. Vers la fin de mai, Marcellus fit battre de
verges un sénateur de Novum Comum qui était venu à Rome
après avoir commis sans doute quelque méfait ; Marcellus
voulut montrer par cet exemple qu'il ne considérait pas les
habitants de la colonie comme des citoyens pouvant réclamer
la protection de la loi Porcia[6] ; on se rappelle que la proposition faite par M. Livius Drusus, en 122, de l'appliquer aux
Latins n'avait pas été convertie en loi. (Voir plus haut, p. 50.)

Le 1er juin, Marcellus voulut mettre à l'ordre du jour la
discussion sur le remplacement de César[7] ; c'était à ce moment
en effet que l'on pourvoyait autrefois à l'administration des
provinces consulaires. Il renonça à son projet[8], probablement
sur le conseil de Pompée ; Pompée invoqua sa loi sur les provinces, en vertu de laquelle on venait de donner, en mars, la
Syrie à M. Calpurnius Bibulus, la Cilicie à Cicéron et les provinces prétoriennes à huit anciens préteurs[9] ; Pompée fut d'avis

---

[1]) Cic., *Fam.*, 4, 3, 1. 4, 1, 1. Cf. 8, 10, 3. 4, 4, 3. 6, 1, 6.
[2]) Cic., *Att.*, 5, 5, 2.
[3]) Cic., *Att.*, 5, 2, 3. *Fam.*, 8, 1, 2.
[4]) Cic., *Att.*, 5, 5, 2.
[5]) Cic., *Att.*. 5, 7. *Fam.*, 2, 8, 2.
[6]) Cic., *Att.*, 5, 11, 2, lettre écrite le 6 juillet à Athènes. Cf. App., *b.
c.*, 2, 26. Plut., *Cæs.*, 29.
[7]) Cic., *Fam.*, 8, 1, 2.
[8]) Cic., *Fam.*, 8, 2, 2.
[9]) Cic., *Fam.*, 8, 8, 8.

qu'on ne devait discuter les choix pour les provinces consulaires de 49 qu'au commencement de 50. Le 22 juillet, un incident amena le sénat à discuter de nouveau la question. Il s'agissait de la solde des légions de Pompée qui, depuis le mois de mai, avait l'air de se préparer à partir pour l'Espagne[1] ; on rappela qu'une de ces légions était alors sous les ordres de César ; Pompée déclara qu'il la reprendrait, pas de suite, mais quand il le voudrait. On demanda à Pompée ce qu'il pensait du remplacement de César ; il répondit que tout le monde devait obéir au sénat. Le sénat décida alors que l'on discuterait la question des provinces consulaires quand Pompée serait revenu d'un voyage qu'il se proposait de faire à Ariminum[2]. On croyait que la discussion s'ouvrirait le 13 août ; elle fut renvoyée par suite d'un procès de brigue intenté au consul désigné C. Claudius Marcellus[3]. Le 1er septembre, le consul M. Marcellus fit une proposition formelle, mais la discussion ne put encore s'engager ; on prétexta que le sénat n'était pas en nombre ; un des tribuns favorables à César[4] avait constaté le fait en comptant les sénateurs présents. Ce jour là, Pompée déclara qu'il n'était pas nécessaire de rédiger un sénatus-consulte, puisqu'il était tout à fait inadmissible que l'on fût en même temps gouverneur de province et candidat au consulat, ce que voulait César. Dans la même séance, Metellus Scipio avait sollicité une déclaration du sénat portant qu'il serait pourvu au gouvernement des Gaules le 1er mars au plus tard ; l'agent de César, L. Cornelius Balbus, parut très mécontent[5]. Pendant le mois de septembre, le sénat fut encore plusieurs fois empêché de donner une solution à l'affaire, toujours pour la même raison : il n'était pas en nombre[6]. Enfin, le dernier jour de septembre on put voter[7].

---

[1]) Cic., *Att.*, 5, 11, 3. *Fam.*, 3, 8, 10. Dio C , 40, 59.
[2]) Cic., *Fam.*, 8, 4, 4. Cf. *Att.*, 5, 19, 1.
[3]) Cic., *Fam.*, 8, 9, 2.
[4]) Suet., *Cæs.*, 29. Dio C., 40, 59.
[5]) Cic., *Fam.*, 8, 9, 2. 5.
[6]) Cic., *Fam.*, 8, 5, 2. 8, 8, 4.
[7]) Cic., *Fam.*, 8, 8, 4 et seq.

Marcellus demanda, comme au 1er septembre, que César abandonnât le gouvernement de ses provinces le 1er mars 49, puisque la guerre était finie, et qu'il fallait dissoudre l'armée victorieuse. Il ajouta que César ne pouvait pas se présenter au consulat sans rentrer dans Rome, la loi de Pompée de jure magistratuum ayant annulé la loi des dix tribuns[1]. Marcellus, sur ce dernier point, pouvait invoquer des raisons de droit en vertu desquelles l'article additionnel ajouté par Pompée n'avait pas de valeur légale. Le consul Ser. Sulpicius Rufus s'opposa à ces deux résolutions en répétant qu'elles auraient pour conséquence la guerre civile[2]. Pompée déclara qu'il ne pouvait, sans blesser César, voter sur son remplacement avant le 1er mars 50 ; après cette date, il ne ferait aucune objection[3]. César, en effet, pouvait s'appuyer sur la loi Pompeia Licinia[4] pour se plaindre de ce que l'on disposait trop tôt de ses provinces ; il n'avait pas bésoin pour cela d'invoquer le maintien des dispositions des lois Cornelia et Sempronia supprimées par la loi Pompeia de provinciis de 52 uniquement pour le gêner. En vertu de la loi Pompeia Licinia, la discussion sur la nomination du nouveau gouverneur des Gaules ne devenait obligatoire qu'en juin 50. Pompée était obligé de reconnaître lui-même que sa propre loi défendait d'ouvrir le débat à ce moment. Maintenant qu'on n'était plus obligé de procéder séparément à la répartition des provinces consulaires et des provinces prétoriennes, en admettant que César quittât son gouvernement le 1er mars 49 , comme le demandait Marcellus, il serait grand temps de désigner son remplaçant à partir de mars 50, au moment où l'on désignerait les titulaires de provinces qui devaient être libres avant celles de César[5]. Il y avait du reste un précédent : les provinces de Cilicie et de Syrie qui étaient alors gouvernées par Cicéron et par Bibulus, ne leur avaient été assignées qu'en mars 51.

---

[1]) Cic., *Att.*, 8, 3, 3. Suet., *Cæs.*, 28. Liv., *ep.*, 108. Dio C., 40, 59, et App., *b. c.*, 2, 26 se sont trompés.

[2]) Cic., *Fam.*, 4, 3, 1. Liv., *ep.*, 108. Suet., *Cæs.*, 29. Dio C., 40, 59.

[3]) Cic., *Fam.*, 8, 8, 9. 4, 9, 2. *Att.*, 8, 3, 3. Dio C., 40, 59. App., *b. c.*, 2, 26, et Plut., *Pomp.*, 56, se sont trompés.

[4]) Cæs., *B. G.*, 8, 53.

[5]) Cf. Cic., *Fam.*, 8, 9, 2.

Caton partagea l'avis de Marcellus, et prétendit que l'on devait décider tout de suite le remplacement de César au 1er mars 49[1]. Ce fut lui qui formula la proposition de Marcellus, elle fut rejetée[2]. Pompée cependant qui n'exprimait pas toujours sa pensée véritable[3], n'avait pas pu cacher sa manière de voir; tout le monde avait compris qu'il approuvait de tous points la proposition de Marcellus[4]. Le sénat, probablement sur la demande de Métellus Scipio, tenant compte des raisons invoquées par Pompée, le sénat décida que les consuls de 50 mettraient à l'ordre du jour du 1er mars la question des provinces consulaires; toute autre délibération serait interdite; on les autorisait et on les obligeait même à convoquer le sénat les jours de comices; ils auraient soin de faire siéger les sénateurs qui rempliraient des fonctions judiciaires, afin que le sénat fût en nombre et pût prendre une résolution définitive[5]. Les tribuns ne firent pas usage de leur droit d'intercession; cette résolution ne préjugeait rien; en l'annulant, ils auraient outrepassé leurs droits et porté préjudice aux intérêts de César.

Le sénat prit encore trois autres résolutions; d'abord la décision que prendrait le sénat au sujet des provinces ne pourrait être infirmée par l'intercession tribunicienne. (Depuis la suppression de la loi Sempronia, les tribuns pouvaient attaquer les résolutions sénatoriales concernant les provinces consulaires[6].) En second lieu il serait fait un rapport au sénat sur les vétérans et les autres soldats de l'armée de César qui, pour un motif quelconque, demanderaient à être licenciés[7]. En troisième lieu on nommerait d'anciens préteurs en Cilicie, qui était alors province consulaire et dans les huit autres provinces prétoriennes[8]; la nomination se ferait conformément au sénatus-consulte de mars 51 rédigé d'après la loi Pompeia

---

[1]) Plut., *Pomp.*, 56. Cf. *Cat. min.*, 51.
[2]) Cæs., *B. G.*, 8, 53.
[3]) Cic., *Fam.*, 8, 1, 3.
[4]) Cic., *Fam.*, 8, 8, 4. 9. Cf. Dio C., 40, 59. App., *b. c.*, 2, 26.
[5]) Cic., *Fam.*, 8, 8, 5. Cf. *Att.*, 5, 20, 7. 6, 1, 24.
[6]) Cic., *Fam.*, 8, 8, 6.
[7]) Cic., *Fam.*, 8, 8. 7.
[8]) Cic., *Fam.*, 8, 8, 8.

de provinciis, et conformément aux autres dispositions votées depuis en vue de l'année 50 ; comme il ne pouvait être question des deux Espagnes, les provinces consulaires de 49 seraient donc la Syrie et les Gaules. On trouva que ces trois résolutions étaient préjudiciables aux droits des tribuns et aux intérêts de César ; les tribuns C. Vibius Pansa [1], C. Cælius, L. Vinicius et P. Cornelius opposèrent leur intercession ; les trois résolutions furent cependant enregistrées comme documents servant à faire connaître l'opinion du sénat (*senatus auctoritates*) [2]. Le sénatus-consulte qui ajournait la décision du sénat au 1er mars 50 excita le mécontentement de César [3] ; les trois autres résolutions lui firent connaître les tendances de la majorité et augmentèrent ses défiances. Il fut particulièrement indigné du langage tenu par Pompée. Pompée, au cours des débats, avait déclaré que, si le 1er mars un tribun faisait intercession, on pourrait considérer cet acte comme un acte de désobéissance de César à l'égard du sénat ; il ajouta encore que si César conservait son armée après son élection au consulat, il ferait aux institutions républicaines une insulte pareille à celle dont se rendrait coupable un fils qui soufflèterait son père [4]. Pompée, qui tenait ce langage, ne se rappelait donc pas qu'étant consul en 52 il avait, lui, conservé le commandement de son armée proconsulaire d'Espagne.

Les élections des tribuns et des édiles plébéiens avaient eu lieu avant le 19 juillet [5]. Les choix furent favorables au parti de César. M. Cælius Vinicianus, partisan de Pompée, ne fut pas élu édile [6] ; sur les dix tribuns élus, un seul, C. Furnius, était favorable aux optimates [7]. Les optimates mécontents firent poursuivre et condamner pour brigue un des élus, Servæus. C. Scribonius Curio se mit sur les rangs pour obtenir la place de tribun devenue libre [8] ; Curio était un ennemi

---


[1]) Cf. Cic., *Fam.*, 16, 27, 2.
[2]) Cic., *Fam.*, 8, 8, 6. 7. 8. Cf. Suet., *Cæs.*, 29. Dio C., 40, 59.
[3]) Cf. Cic., *Fam.*, 8, 9, 5.
[4]) Cic., *Fam.*, 8, 8, 9.
[5]) Cic., *Att.*, 5, 18. 3. *Fam.*, 8, 4, 2. 3.
[6]) Cic., *Fam.*, 8, 4, 3.
[7]) Cic., *Att.*, 5, 2, 1. 5, 18, 3. *Fam.*, 8, 10, 3. 15, 14, 5.
[8]) Cic., *Fam.*, 8, 4, 2.

acharné de César depuis le consulat de 59 ; il venait de se faire remarquer par des jeux célébrés en l'honneur de la mort de son père [1]. Curio fut élu après le 1er août, probablement en septembre [2].

Avant la même date du 19 juillet on avait aussi procédé aux élections consulaires [3]. Caton ne voulut plus se présenter ; il considéra son échec de l'année précédente, échec très-honorable puisqu'il n'avait employé aucun moyen de corruption, comme un échec définitif [4]. Les consuls élus furent C. Claudius Marcellus et L. Æmilius Paulus [5]. Le premier était fils de l'augure C. Claudius Marcellus [6], et cousin du consul M. Claudius Marcellus [7] ; il était du parti de Cicéron [8] ; mais il ne s'était jamais fait remarquer jusque-là ; il dut son élection à l'influence de son cousin [9], et à cette circonstance qu'étant le parent de César dont il avait épousé la petite-nièce Octavia [10], il était cependant un de ses ennemis politiques. L'autre consul L. Æmilius Paulus avait toujours soutenu les optimates, mais on devait se défier de lui : depuis 54 il recevait de l'argent de César et l'employait à des constructions [11]. Le candidat particulier de César était M. Calidius, lui aussi un ancien partisan des optimates ; non seulement il échoua, mais il fut encore poursuivi pour brigue [12]. On l'acquitta cependant [13] ; il poursuivit à son tour C. Marcellus, mais ne put le faire condamner [14]. Les élections de préteurs ne furent pas

---

[1] Plin., *n. h.*, 36, 15, 24, 116 et seq. Cic., *Fam.*, 8, 2, 1.

[2] Cic., *Fam.*, 8, 9, 1. 8, 5, 3. 2, 7. 15, 14, 5. Dio C., 40, 59. App., *b. c.*, 2, 26.

[3] Cic., *Att.*, 5, 18, 3. *Fam.*, 8, 4, 1. 3. 4.

[4] Dio C., 40, 58. Plut., *Cat. min.*, 50.

[5] Cic., *Fam.*, 8, 4, 1. 4. 15, 7. 8. 9. 12. Dio C., 40, 59. App., *b. c.*, 2, 26.

[6] Cic., *Leg.*, 2, 13, 32. *Div.*, 2, 35, 75. *Fam.*, 15, 8.

[7] Suet., *Cæs.*, 29.

[8] Cic., *Sull.*, 6, 19. *Fam.*, 15, 7.

[9] Cf. Cic., *Fam.*, 4, 9, 2.

[10] Suet., *Cæs.*, 27.

[11] Cic., *Fam.*, 8, 4, 4.

[12] Cic., *Fam.*, 8, 4, 1.

[13] Cic., *Fam.*, 8, 9, 5.

[14] Cic., *Fam.*, 8, 9, 2.

terminées pour le 1er août[1] ; les ennemis de César ne furent pas très heureux, et l'ami de Caton, M. Favonius, échoua[2]. Parmi les élus nous trouvons C. Titius Rufus, C. Curtius Pedvcæanus[3], il faut y ajouter probablement Livius Drusus[4] : ces préteurs ne semblent pas avoir joué un rôle politique bien marqué. Aux élections d'édiles curules, le parti de Pompée eut à enregistrer l'échec de C. Lucilius Hirrus ; les élus, M. Cælius Rufus et M. Octavius[5], étaient des optimates adversaires de César[6].

On continua la série des procès qui avaient pour résultat de déconsidérer le parti des optimates. C. Claudius Pulcher fut accusé de concussion, pour son administration d'Asie[7] ; M. Valérius Messala, le consul de 53, accusé de brigue, fut défendu par Q. Hortensius, et acquitté à une faible majorité[8] ; mais on l'accusa de nouveau en vertu de la loi Licinia de sodaliciis, il fut condamné[9]. En septembre il y avait plusieurs procès importants en cours d'instruction[10].

Le sénat fut obligé de s'occuper des dettes. Il remit en vigueur l'édit de Lucullus (voir page 226) portant que l'intérêt légal était de 12 0/0 (*centesima usuræ*)[11] ; dans le cas où les intérêts ne seraient pas payés, on n'aurait pas le droit de réclamer les intérêts des intérêts. Les créanciers furent satisfaits, l'intérêt étant fixé à un taux très élevé ; mais il y avait à craindre les réclamations des débiteurs qui, de plus en plus gênés, pouvaient être amenés à demander la suppression d'une partie de leurs dettes, *novæ tabulæ*[12].

[1]) Cic., *Fam.*, 8, 4, 3.
[2]) Cic., *Fam.*, 8, 9, 5.
[3]) Cic., *Fam.*, 13, 58. 59.
[4]) Cf. Cic., *Fam.*, 8, 14, 4.
[5]) Cf. Cic., *Fam.*, 3, 4, 1.
[6]) Cic., *Fam.*, 8, 2, 2. 8, 3, 1, 8, 4, 3. 8, 9, 1. 2, 9, 1, 2, [10, 1. 2, 11, 2. *Att.*, 5, 21, 5. 6, 1, 21.
[7]) Cic., *Fam.*, 8, 8, 2. 11, 22.
[8]) Cic., *Fam.*, 8, 2, 1. Cf. *Att.*, 5, 12, 2. *Brut.*, 96, 328. Val. Max., 5, 9, 2.
[9]) Cic., *Fam.*, 8, 4, 1.
[10]) Cic., *Fam.*, 8, 8, 1-3.
[11]) Cf. Cic., *Fam.*, 5, 6, 2. *Att.*, 4, 15, 7. *ad Q. fr.*, 2, 15 B, 4.
[12]) Cic., *Att.*, 5, 21, 13 ; cf. 5, 21, 11. 6, 1, 5. 6, 2, 7. 6, 3, 5.

Le sénat avait déjà donné de nombreuses preuves de son incapacité à diriger les affaires politiques étrangères ; il en donna un exemple nouveau quand, en octobre ou en novembre, on apprit d'Orient que les Parthes menaçaient encore les provinces de l'empire. C. Cassius Longinus, questeur de Crassus, avait eu le gouvernement de la Syrie après la mort de ce dernier ; on n'envoya pas de nouveau gouverneur, Cassius était encore en fonction en 52, et eut l'occasion de repousser cette année une incursion des Parthes [1]. En mars 51 le sénat décida enfin que les deux provinces de Syrie et de Cilicie (la Cilicie avait alors pour gouverneur Appius Claudius) également menacées par les Parthes, seraient gouvernées par des consulaires dont les pouvoirs dureraient un an (un an exactement à partir du jour de l'entrée en fonction) ; on tira au sort parmi les consulaires qui n'avaient pas encore gouverné de provinces ; le sort désigna M. Calpurnius Bibulus pour la Syrie, Tullius Cicéron pour la Cilicie [2]. Bien que les deux provinces fussent menacées d'une invasion des Parthes, le consul Rufus refusa d'autoriser par un sénatus-consulte les deux gouverneurs à lever des troupes en Italie pour renforcer leur armée provinciale [3]. Avant l'arrivée de Bibulus, qui, par suite de ce refus, voyagea à petites journées [4], Cassius dut repousser les Parthes qui s'étaient avancés jusqu'à Antioche, il les battit encore une fois en septembre [5]. Cicéron lui non plus ne se pressa pas [6] ; il arriva cependant dans sa province plus tôt que Bibulus, le dernier jour de juillet [7]. Aidé des

---

[1] Liv., *ep.*, 108. Dio C., 40, 28. Jos., *ant. Jud.*, 14, 7, 3. *b. Jud*, 1, 8, 9. Aur. Vict., *Vir. ill.*, 83.

[2] Cic., *Fam.*, 15, 9, 2. 15, 14, 5. 3, 2, 1. 2. 2, 15, 4. 2, 13, 3. 13, 67, 1. *Att.*, 6, 6, 3. 6, 4, 1. Plut., *Cic.*, 36.

[3] Cic., *Fam.*, 3, 3, 1. 15, 1, 4 ; cf. *Att.*, 5, 4, 2.

[4] Cic., *Att.*, 5, 16, 4. 5, 18, 1. 5, 20, 4. 5, 21, 2. *Fam.*, 15, 1, 1. 15, 3, 2. 2, 10, 2.

[5] Cic., *Att.*, 5, 18, 1. 5, 20, 3. 5, 21, 2. *Fam.*, 2, 10, 2. 15, 4, 7. 15, 14, 3. Cf. 3, 8, 10. *Phil.*, 11, 14, 35. Dio C., 40, 28. Vell., 2, 46. Front., *Strat.*, 2, 5, 35. Oros., 6, 13. Eutr., 6, 18. Aur. Vict., *Vir. ill.*, 83. Jos., *ant. Jud.*, 14, 7, 3. *b. Jud.*, 1, 8, 9.

[6] Cic., *Att.*, 5, 1-15 ; cf. *Fam.*, 8, 1, 4.

[7] Cic., *Att.*, 5, 15, 1. 5, 20, 1. 5, 21, 9. *Fam.*, 15, 2. 15, 4, 2. 3, 5, 4.

conseils militaires de son frère Quintus [1] et de C. Pomptinus, ses lieutenants [2], il entreprit une campagne dans le Taurus, et seconda ainsi les opérations de Cassius; le 17 septembre ou quelques jours après, il écrivit de Cybistra au sénat pour annoncer l'invasion des Parthes [3]; à ce moment Cicéron ne savait pas encore que Cassius avait remporté une victoire. La lettre de Cicéron arriva à Rome en même temps qu'un rapport de Cassius annonçant la défaite des Parthes. On a remarqué que ce rapport parvint à Rome avec une singulière rapidité, il aurait été lu au sénat le 7 octobre. On ne s'inquiéta pas de la situation : on prit Cicéron pour un pessimiste, on crut que Cassius avait exagéré l'importance de l'invasion, pour se faire valoir. En novembre on reçut de nouveaux rapports plus complets de Cassius et du roi Déjotarus; on dut reconnaître que les frontières étaient sérieusement menacées [4], il fallut aviser. Certains demandaient que Pompée fût envoyé en Orient, d'autres prétendaient que la présence de Pompée était nécessaire à Rome. On parla de César, des consuls. Les consuls refusèrent en invoquant la loi de Pompée sur les provinces; ils avaient d'ailleurs compris que s'ils acceptaient, Pompée serait ensuite chargé de diriger l'expédition; finalement ils basèrent leur refus sur le sénatus-consulte du dernier jour de septembre [5]. En réalité le sénat ne fit rien pour empêcher cette invasion de dégénérer en désastre pour l'empire.

Dès le milieu de l'hiver César s'était remis en campagne pour achever la soumission des révoltes gauloises. A Rome on ne parlait que des grandes pertes qu'il avait éprouvées [6]; pendant ce temps il soumettait les Bellovaques avec leurs chefs Correus et Commius; il battait Drappes et Lucterius, prenait Uxellodunum, et parcourait l'Aquitaine complètement soumise [7].

---

[1]) Cf. Cæs , *B. G.*, 7, 90.
[2]) Cic., *Att.*, 5, 1 . 5, 10, 5. 5, 20, 5 . 5, 11, 4. *Fam.*, 3, 3, 2.
[3]) Cic., *Fam.*, 15, 1 . *Att.*, 5, 18, 1. Cf. Cic., *Fam.*, 15, 2, 3.
[4]) Cic., *Fam.*, 8, 10, 1; cf. *Att.*, 6, 1, 14.
[5]) Cic., *Fam.*, 8, 10, 2 ; cf. *Att.*, 5, 18, 1. 5, 21, 3. 6, 1, 3. 14.
[6]) Cic.. *Fam.*, 8, 1, 4.
[7]) Cæs., *B. G.*, 8, 2-48. Dio C.. 40, 42. Liv., *ep.*, 108. Oros., 6, 11. Cf. Sall., *Hist.*, 1, 8.

Il ne prévoyait plus de campagne sérieuse pour l'année 50 ; il aurait donc pu remettre les Gaules à un nouveau gouverneur le 1er mars 49, revenir à Rome avec son armée pour célébrer son triomphe, et briguer son consulat de 48 dans les conditions ordinaires [1]. Mais les considérations que nous avons rapportées plus haut, les discussions du sénat au sujet de Novum Comum et des provinces, les aveux de Pompée avertissant les Gaulois que César ne passerait plus qu'un été chez eux, celui de 50 [2], les menaces de Caton annonçant qu'il poursuivrait César quand il aurait abandonné le commandement de son armée, la perspective de se voir condamner par un tribunal qui siègerait sous la protection des soldats de Pompée [3], toutes ces raisons décidèrent César à garder ses pouvoirs proconsulaires jusqu'au moment où il prendrait possession de son second consulat [4].

César pouvait compter sur le consul L. Æmilius Paulus, il n'avait pas besoin de l'acheter [5], il savait qu'il ne ferait rien contre lui. Quand on avait discuté au sénat l'envoi des consuls en Orient contre les Parthes, et que l'on avait invoqué la loi de Pompée pour empêcher leur nomination, L. Æmilius Paulus, alors consul désigné, avait déclaré qu'il n'obéirait pas à cette loi et prendrait le commandement d'une province en sortant du consulat [6]. Mais César comprit que le tribun C. Scribonius Curio, dont il ne s'était pas encore occupé [7], pouvait lui susciter des embarras sérieux. C'était un homme capable [8], mais léger [9] et criblé de dettes [10], un nouveau Clodius, que Curio avait d'ailleurs soutenu lors de son procès pour inceste [11], et dont il avait épousé la veuve Fulvia [12] ; César paya

[1] Dio C., 40, 44. Cf. Cic., *Fam.*, 8, 8, 9, *ut aut maneat aut si designari poterit decedat.*
[2] Cæs., *B. G.*, 8, 39.
[3] Suet., *Cæs.*, 30. Cf. Plut., *Cæs.*, 46. Cat. min,, 51.
[4] Dio C., 40, 60. Cf. Cic., *Fam.*, 8, 14, 2.
[5] Suet., *Cæs.*, 29. App., *b. c.*, 2, 26. Plut., *Pomp.*, 58. *Cæs.*, 29.
[6] Cic., *Fam.*, 8, 10, 3 ; cf. *Att.*, 6, 1, 7.
[7] Cic., *Fam.*, 8, 4, 2.
[8] Cic., *Brut.*, 81, 280.
[9] Cic., *Phil.*, 8, 14. 2, 18. *Att.*, 10, 9, 6.
[10] Val. Max., 9, 1, 0.
[11] Cic., *Att.*, 1, 14, 5.
[12] Cic., *Phil.*, 2, 5, 11.

ses dettes, lui fit les plus belles promesses, et le gagna
ainsi à sa cause sans bruit[1]. Après la campagne de 51,
César eut bien soin de ne pas venir dans la Cisalpine[2], de
sorte que l'on ne se douta de rien à Rome ; on continua
à considérer Curio comme un des plus violents adversaires
de César[3].

Dès son entrée en fonctions, le 10 décembre 51, Curio
affecta de commencer une campagne contre César ; il avait
toute la confiance des pompéiens, il en profita pour se faire
communiquer leurs projets contre César[4]. Il présenta diverses
rogations ; les unes étaient dirigées contre César, les autres
attaquaient les optimates ; il comptait que ces derniers le
combattraient, il en profiterait pour affecter une grande
colère et combattre à son tour les propositions qui avaient
déjà été présentées et le seraient encore contre César par
C. Furnius ou les préteurs[5]. La loi *Scribonia de usucapione
servitutum*, qui fut votée, paraît n'être pas du tribun, elle doit
être l'œuvre de son père. Voici celles qu'on doit lui attribuer :
une *rogatio scribonia de agro campano*[6] qui dut déplaire
davantage à Pompée qu'à César ; une *rogatio scribonia de res-
tituendo C. Memmio Gemello*[7] ; vu le rôle joué par Memmius
(voir plus haut, pages 380 et 447-48), elle fut très désagréable
à une partie des optimates ; une *rogatio scribonia de itineribus*,
pour limiter les dépenses des sénateurs en voyage[8] ; enfin une
*rogatio scribonia de Jubœ regno publicando*[9], qui devait
blesser les amis de ce prince, surtout Pompée[10]. Toutes ces
propositions furent faites en décembre ; elles furent combat-
tues ; alors Curio agit comme s'il devait y avoir un mois

---

[1]) Vell., 2, 48. Suet., *Cæs.*, 29. Dio C., 40, 60. App., *b. c.*, 2, 26.
Plut., *Pomp.*, 58. *Cæs.*, 29. Serv.. *ad Verg. Æn.*, 6, 621.
[2]) Cæs., *B. G.*, 8, 46. 49.
[3]) Cic., *Fam.*, 8, 8, 10. 8, 10, 3. Cf. Non. Marc., p. 100 G.
[4]) Dio C., 40, 61. Liv., *ep.*, 109.
[5]) Dio C., 40, 61.
[6]) Cic., *Fam.*, 8, 10, 4.
[7]) Cic., *Att.*, 6, 1, 23.
[8]) Cic., *Att.*, 6, 1, 25.
[9]) Cæs., *b. c.*, 2, 25. Dio C., 41. Lucan., 4, 687.
[10]) Cf. Cæs., *b. c.*, 1, 6.

intercalaire [1] après le 23 ou le 24 février [2]. Comme l'année 52 avait eu un mois intercalaire, sa prétention était justifiée [3]. Curio était pontife [4], il n'obtint pas cependant ce qu'il désirait ; il lui fut dès lors impossible de faire voter ses rogations avant le 1er mars, et ce jour-là on devait discuter la question des provinces consulaires ; alors, dès le mois de février 50, il déclara publiquement qu'il passait dans le parti démocratique. Il attaqua en même temps César et Pompée, et arrêta par son intercession toutes les propositions des pompéiens dirigées contre César ; les gens avisés s'aperçurent bientôt qu'il agissait dans l'intérêt de César. Pour payer sa bienvenue dans le parti démocratique, il proposa une *rogatio scribonia viaria* qui rappelait un peu la lex Servilia agraria [5] ; Curio demandait qu'on lui confiât pour cinq ans la direction des routes (*cura viarum*). Il proposa aussi une *rogatio scribonia alimentaria ;* elle imposait aux édiles, dans l'intérêt des pauvres qui achetaient au marché, l'obligation de contrôler les poids et les mesures [6].

Enfin arriva le 1er mars, jour fixé pour l'ouverture des débats sur les provinces ; L. Æmilius Paulus, l'aîné des deux consuls [7], devait avoir les faisceaux, et par conséquent la présidence du sénat ; il semble qu'il demanda l'ajournement de la discussion pour permettre à Curio de faire voter ses rogations [8]. En effet, rien ne fut décidé avant le 7 mars [9], et même avant le 19 ; pendant ce temps, les magistrats convoquaient des assemblées qui naturellement furent très orageuses [10]. Pendant les débats qui précédèrent au sénat le vote

---

[1]) Cic., *Fam.*, 8, 6, 3. 5. Dio C., 40, 62.

[2]) Cf. Liv., 43, 11. 45, 44.

[3]) Cf. Cic., *Att.*, 5, 9, 2. 5, 21, 4. 6, 1, 1. 12.

[4]) Cf. Cic., *Fam.*, 2, 7, 3.

[5]) Voir plus haut, p. 258.

[6]) Cic , *Fam*, 8, 6, 3. 5. 2, 13, 3. Liv., *ep.*, 109. Vell., 2, 48. Suet., *Rhet.*, 1. Dio C., 40, 62. App., *b. c.*, 2, 27.

[7]) Cic., *Fam.*, 8, 4, 4.

[8]) Cic., *Fam.*, 8, 11, 1. *Quod furore Pauli adeptus esset boni;* cf. Cic., *Att.*, 6, 3, 4.

[9]) Cic., *Att.*, 6. 2, 6.

[10]) Cic., *Fam.*, 2, 11, 1.

du sénatus-consulte d'ajournement, Pompée mit en avant une idée nouvelle : César n'abandonnerait pas son commandement le 1er mars 49, comme le voulaient Caton et ses partisans ; il devrait seulement quitter la province avant de prendre possession du consulat, au plus tard le 13 novembre, afin qu'il pût entrer dans Rome comme simple particulier[1]. Pompée espérait mettre César dans l'alternative de renoncer au consulat pour 48, ou d'accepter cette nouvelle combinaison[2]. Ce n'était pas là un acte d'hostilité contre César ; Pompée lui laissait le droit de se faire nommer consul tout en restant dans sa province (*absens*); il croyait avoir trouvé un excellent terrain de conciliation. En même temps, il se retourna contre Curio qui avait demandé l'ajournement dans la séance du 1er mars, et le dénonça comme un révolutionnaire ne cherchant qu'à semer la discorde[3]. Curio répondit en prouvant que le second consulat de Pompée avait fait tout le mal, la loi Pompeia Licinia ayant amené la situation actuelle[4]. Pompée, de son côté, composa des discours pour répondre à Curio[5] ; fatigué de ces luttes stériles, Pompée se retira à Naples ; il avait déjà été souffrant en mars[6], il tomba gravement malade[7].

Pendant l'absence de Pompée, le sénat reçut de nouvelles lettres de Cicéron ; écrites en février[8], elles arrivèrent en avril[9]. Cicéron, devenu gouverneur de la Cilicie malgré lui, craignait alors qu'on ne prorogeât ses pouvoirs[10]. Les lettres

---

[1] Cic., *Fam.*, 8, 11, 3, écrite en avril : *adhuc* (donc avant avril) *incubuisse cum senatu Pompeius videtur, ut Cæsar id. novembris decedat;* cf. *Fam.*, 8, 14, 2.

[2] Cf. Cic., *Fam.*, 8, 8, 9. Plut., *Pomp.*, 56.

[3] Cic., *Fam.*, 8, 11, 3. Cf. Plut., *Pomp.*, 56.

[4] Cic., *Fam.*, 8, 11, 3.

[5] Suet., *Rhet.*, 1.

[6] Cic., *Att.*, 6, 4, 3. *Valeat modo.*

[7] Cic., *Fam.*, 8, 13, 2, lettre écrite en avril : *Stomacho est nunc ita languenti, ut vix id quod sibi placeat reperiat.* Vell., 2, 48, dit à tort *biennio.* Plut., *Pomp.*, 57. App., *b. c.*, 2, 28.

[8] Cic., *Att.*, 5, 50, 7. 6, 1, 9. Cf. *Fam.*, 3, 9, 4. 2, 7, 3. 2, 10, 3.

[9] Cic., *Fam.*, 15, 13, 3. 15, 10, 1. *Att.*, 6, 4, 2.

[10] Cic., *Att.*, 5, 1, 1. 5, 2, 1. 5, 4, 1. 5, 9, 2. 5, 11, 1. 5. 5, 13, 3. 5, 15, 1. 5, 17, 5. 5, 18, 1. 5, 21, 3. 6, 1, 11. 6, 2, 6. *Fam.*, 2, 7, 4. 2, 8, 3. 2, 10, 4. 3, 8, 9. 3, 10, 3. 15, 9, 2. 15, 12, 2. 15, 14, 5.

annonçaient qu'il 'avait continué les opérations militaires et s'était porté dans la région du mont Amanus, non encore soumise aux Romains ; le 13 octobre, il avait pris quelques forteresses situées au milieu des montagnes ; ses soldats l'avaient proclamé imperator[1] ; le 17 décembre, après un siège de deux mois, il s'était emparé de Pindenissus[2]. Il rappelait que son deuxième prédécesseur, P. Cornélius Lentulus Spinther, avait eu le triomphe en 51 pour des faits semblables[3], que son prédécesseur, Appius Claudius, attendait aussi le triomphe après avoir obtenu déjà l'honneur des actions de grâces[4] ; Cicéron demandait donc que le sénat voulût bien lui voter aussi des actions de grâces ; il écrivit à ce sujet à Caton[5], à Appius Claudius[6], et aux deux consuls[7]. La proposition fut faite, mais Curio résolut de l'arrêter au moyen de l'intercession. Curio, mécontent de ce que l'on avait repoussé en mars ses propositions en leur opposant l'*obnuntiatio*[8], craignait, ou plutôt affectait de craindre, que les consuls ne profitassent de cette décision sénatoriale pour lui enlever quelques jours de comices. Les consuls déclarèrent qu'ils n'en feraient rien, les actions de grâces furent votées en avril par un sénat peu nombreux ; Caton, M. Favonius et C. Lucilius Hirrus avaient combattu la proposition[9].

Une révélation faite par L. Cornélius Balbus au cours des débats, confirma le soupçon que Curio devait être vendu à César[10]. Curio comprit qu'il fallait changer de tactique ; le moyen qu'il avait imaginé pour faire ajourner la discussion sur les provinces et les autres délibérations du sénat était

---

[1]) Cic., *Fam.*, 15, 4, 8. 3, 9, 4. 2. 10, 3. 8, 7, 2. *Att.*, 5, 20, 2. 6, 1, 9.
[2]) Cic., *Fam.*, 15, 4, 10. *Att.*, 5, 20, 1. 5.
[3]) Cic., *Att.*, 5, 21, 4. Cf. *Fam.*, 15, 4, 11. 13, 48.
[4]) Cic., *Fam.*, 3, 9, 2. 3, 10, 1. 8, 6, 1. Cf. I. L. A., p. 181.
[5]) Cic., *Fam.*, 15, 4, 11.
[6]) Cic., *Fam.*, 3, 9, 4.
[7]) Cic., *Fam.*, 15, 10, 13.
[8]) Elle fut présentée par le consul C. Marcellus, ou par le tribun C. Furnius.
[9]) Cic., *Fam.*, 8, 11, 1. 2, 15, 1. 15, 5. 6. 11. 3, 13. *Att.*, 6, 7, 2. 7, 1, 7. 7, 2, 7.
[10]) Cic., *Fam.*, 8, 11, 2.

usé ; il abandonna donc ses rogations et se prépara à combattre la proposition en vertu de laquelle les pouvoirs proconsulaires de César prendraient fin le 13 novembre 49 [1]. Il savait que la majorité du sénat était assez indifférente ; elle était capable de faire une légère opposition à César, mais non d'aller jusqu'à une rupture complète ; Curio annonça qu'il ferait intercession quand viendrait devant le sénat la discussion sur les provinces [2]. Elle eut lieu en avril ; on représenta les propositions connues ; les partisans de Caton voulaient que César quittât ses provinces le 1er mars 49, les pompéiens, le 13 novembre au plus tard. Il se produisit une autre proposition : on demanda que César se démît pour le 1er juillet, et rentrât dans Rome avant la tenue des comices. On ne sait pas laquelle de ces trois propositions fut adoptée par le sénat ; ce fut probablement la dernière [3] ; tout ce que nous savons, c'est que Curio opposa son intercession à la rédaction d'un sénatusconsulte [4] et motiva son opposition en disant qu'il serait injuste de retirer à César ses pouvoirs avant le temps, si l'on n'exigeait de Pompée l'abandon de ses provinces ibériques et le licenciement de ses armées ; l'état ne sera en repos, dit-il, que quand ces deux grands personnages, dont la rivalité trouble la république, auront abandonné en même temps le gouvernement de leurs provinces et le commandement de leurs armées [5]. Grande alors fut la popularité de Curio ; le peuple le couvrit de fleurs [6]. Le sénat décida que les consuls feraient le plus tôt possible leur rapport sur l'intercession du tribun. La discussion eut encore lieu en avril 50 ; M. Marcellus proposa d'inviter tous les tribuns à intervenir auprès de Curio pour le décider à retirer son intercession ; M. Marcellus ne put réunir la majorité des

---

[1]) Cic., *Fam.*, 8, 11, 3.

[2]) Cic., *Fam.*, 8. 11, 3. *Cæsar defendetur,* c'est-à-dire, *pro Cæsare intercedetur.* Cf. *Prov. cons.*, 15, 36 *defensorem habeat.* La discussion eut lieu dans le sénat sous la présidence de C. Marcellus (App., *b. c.*, 2, 27).

[3]) Cæs., *b. c.*, 1, 9 *erepto semenstri imperio.* Cic., *Fam.*, 16, 12, 3 *se præsentem trinum nundinum petiturum.*

[4]) Cic., *Fam.*, 8, 13, 2. Cette lettre a été écrite en avril, non en juin, mais n'est arrivée à son adresse qu'avec les lettres 8, 11 et 8, 7.

[5]) App., *b. c.*, 2, 27. Dio C., 40, 62. Cæs., *B. G.*, 8, 52 *sæpe.*

[6]) App., *b. c.*, 2, 27. Cf. Plut., *Pomp.*, 58. Cæs., 30. Zon., 10, 7.

voix. On put dès lors prétendre que la majorité du sénat s'était résignée à laisser César dans les Gaules jusqu'au moment où il prendrait possession du consulat, le 1<sup>er</sup> janvier 48 [1]. M. Cælius Rufus avait prévu ce qui se passa en ce moment; par suite de l'intercession de Curio, il fut impossible de pourvoir de gouverneurs pour l'année suivante les provinces consulaires et les provinces prétoriennes [2].

On croyait tout terminé, quand une lettre écrite de Naples par Pompée rouvrit les débats; Pompée se déclarait prêt à renoncer à ses provinces et à son armée avant le temps. En agissant ainsi, il se donnait les apparences d'une soumission sincère aux volontés du sénat, et mettait César dans l'alternative de résister à ces mêmes volontés ou de renoncer à ses projets [3]. Pompée revint à Rome au commencement de juin, et renouvela sa promesse; Curio, qui affectait de ne vouloir et de ne rechercher que le bien de l'État, déclara dans les assemblées qu'une simple promesse ne suffisait pas; pour rétablir l'ordre, il fallait que Pompée abandonnât réellement le commandement de son armée en même temps que César, ou que tous deux conservassent leurs armées; l'État, de cette façon, pourrait employer les forces de l'un pour combattre l'ambition de l'autre [4]. Caton fit de l'opposition dans les assemblées, mais le peuple était pour César [5], Caton n'eut pas de succès [6]. En juin C. Marcellus avait encore les faisceaux; on reprit au sénat la proposition concluant à ce que César abandonnât et ses provinces et ses armées; on demanda aussi, ce fut l'objet d'une proposition nouvelle, que César et Pompée abandonnassent en même temps leur commandement provincial et militaire. On passa au vote; la première proposition fut acceptée par tous les sénateurs, excepté par les partisans déclarés de César. C. Marcellus mit ensuite aux voix l'autre proposition : Pompée devait-il aussi renoncer à ses pouvoirs

[1]) Cic., *Fam.*, 8, 13, 2. *Att.*, 7, 7, 5.
[2]) Cic., *Fam.*, 8, 5. 2.
[3]) App., *b. c.*, 2, 78.
[4]) App., *b. c.*, 2, 28.
[5]) Cf. Cic., *Att.*, 7, 7, 6.
[6]) Plut., *Cat. min.*, 51.

en même temps? La majorité fut contre. Curio demanda que
la question fût ainsi posée : César et Pompée doivent-ils abandonner leurs provinces en même temps? Le consul, espérant
que la majorité répondrait non, laissa mettre aux voix la proposition de Curio ; les Pompéiens furent battus, les sénateurs
se déjugèrent, et répondirent par l'affirmative à la question
posée (370 voix contre 22) [1]. Ces votes restèrent sans effet.
Curio usa de l'intercession pour empêcher de confirmer les
deux premiers votes par un sénatus-consulte ; un tribun dé-
voué à Pompée, C. Furnius, empêcha aussi par l'intercession
la rédaction du sénatus-consulte sur le troisième vote [2]. Le
résultat de cette discussion fut de montrer à tous que la
promesse faite par Pompée était une simple promesse et
n'était que cela, le sénat l'avait jugé ainsi; les débats avaient
prouvé aussi que Curio était maintenant le maître du sénat,
le sénat s'était prononcé pour lui; enfin César pouvait, à son
tour, affirmer dans ses lettres qu'il consentait à l'abandon
de ses pouvoirs, à la condition que Pompée abandonnerait
les siens en même temps [3]. Curio put désormais invoquer
toutes ces raisons sérieuses, afin d'empêcher toute nouvelle
discussion sur les provinces [4]. Pour quiconque jugeait la
situation de sang-froid, la guerre civile était devenue inévitable; pour l'éviter il eût fallu charger César ou Pompée d'aller
combattre les Parthes [5].

On reçut vers le mois de mai [6] des nouvelles de Bibulus, de
la Syrie et des Parthes [7]. Peu de temps après son arrivée

---

[1]) App., *b. c.*, 2, 30. Le vote eut lieu plus tôt que ne le dit App. Voir
et comparer les deux passages de César, *B. G.*, 8, 52 et 8, 54 *fit deinde ;*
cf. aussi Plut., *Pomp.*, 58. *Cæs.*, 30. *Ant.*, 5. La lettre dans laquelle
Cœlius parle de ce vote est perdue ; elle doit avoir été écrite après la lettre
8, 13, et avant la lettre 8, 14.

[2]) Cæs., *B. G.*, 8, 52.

[3]) Cic., *Fam.*, 8, 14, 2. Cæs., *b. c.*, 1, 32, 4. Liv., *ep.*, 109. App., *b.
c.*, 1, 4.

[4]) App., *b. c.*, 2, 29.

[5]) Cic., *Fam.*, 8, 14, 2-4. Lettre écrite non en septembre, mais en juin,
ou au commencement de juillet ; en septembre, on n'avait plus à redouter
une invasion des Parthes.

[6]) Cic., *Att.*, 7, 2, 6. *Fam.*, 2, 17, 7.

[7]) Cf. Cic., *Att.*, 5, 21, 1. 6, 1, 14.

Bibulus avait perdu une cohorte [1], et n'avait rien fait qui mérite d'être rappelé [2]. Mais la victoire de Cassius dont nous avons parlé plus haut, avait été remportée au moment où Bibulus était déjà gouverneur de Syrie [3]. Bibulus s'en attribua le mérite : à Rome, ses amis votèrent en son honneur des actions de grâces ; pour opposer Bibulus à César, Caton demanda qu'elles durassent vingt jours [4]. Bibulus annonçait dans son rapport, qu'une nouvelle invasion des Parthes aurait certainement lieu en été ; un peu plus tard les lettres de Cicéron apprirent que le gouverneur de Cilicie partageait cet avis [5]. Il fallait donc envoyer des renforts en Syrie ; on discuta à ce sujet au sénat dès le mois de mai [6] ; Curio opposa son intercession comme dans la discussion sur la solde des légions de Pompée [7]. On n'avait encore rien décidé quand le sénat émit les trois votes dont nous avons parlé plus haut au sujet de Pompée et de César [8]. Curio reconnut ensuite que son intercession pouvait nuire aux intérêts de l'État, il la retira [9] ; vers le milieu de juin on accorda la solde et on décida que Pompée et César donneraient chacun une légion ; ces deux légions seraient envoyées en Syrie. Pompée qui avait soutenu cette proposition, en profita pour réclamer à César la légion qu'il lui avait prêtée [10]. On ne pouvait pas donner de successeur à Bibulus ; on chargea le questeur L. Marius de conduire les deux légions en Syrie aussitôt qu'elles seraient arrivées [11].

Au commencement de mai on avait nommé les censeurs [12]. Les deux nouveaux censeurs furent L. Calpurnius Piso Cæsoninus, beau-père de César, et Appius Claudius. Le premier

---

[1]) Cic., *Att.*, 5, 20. 4. *Fam.*, 8, 6, 4.
[2]) Cic., *Att.*, 6, 8, 5. *Fam.*, 2, 17, 6. 12, 19, 2.
[3]) Cf. Liv., *ep.*, 108. App., *Syr.*. 51.
[4]) Cic., *Att* , 7, 2, 6. 7, 3, 5.
[5]) Cic., *Att.*, 5, 21, 2. 9. 6, 1, 14. 6, 2, 6. 6, 3, 2. 6, 4, 1. 6, 5, 3. *Fam.*, 2, 11, 1. 2, 17, 6. Cf. 8, 7, 1. 8, 14, 4.
[6]) Cf. Cic., *Fam.*, 2, 17, 5, lettre de Tarse, écrite après le 17 juillet.
[7]) Cic., *Fam.*, 8, 14, 4. Cf. App., *b. c.*, 2, 29.
[8]) Cæs., *B. G.*, 8, 54 *fit deinde* ; cf. 8, 52.
[9]) Cic., *Fam.*, 8, 14, 4.
[10]) Cæs., *B. G.*, 8, 54. App., *b. c.*, 2, 29. Dio C., 40, 65. Plut., *Cæs.*, 29. *Pomp.*, 56.
[11]) Cic., *Fam.*, 2, 17, 5. Cæs.; *B. G.*, 8, 55.
[12]) Cic., *Fam.*, 3, 11, 1. 5. Cf., 3, 10, 3. 11. 3, 13, 2.

avait eu jusque-là une conduite détestable qui l'avait rendu indigne de cette charge [1]; il fut d'ailleurs candidat malgré lui, César le força à se présenter [2]. Appius Claudius venait d'être poursuivi pour crime de lèse-majesté : il avait rançonné sa province de Cilicie, et commis de nombreux abus dans la province [3]; même après l'arrivée de Cicéron, il avait continué à administrer malgré la présence de son successeur [4]. Il sollicitait les honneurs du triomphe, quand en février [5] il fut accusé par le jeune P. Cornélius Dolabella, un jeune homme qui était devenu l'année précédente membre du collège des quindecimviri sacrorum [6]; Cicéron avait défendu deux fois Dolabella [7]; après le procès de Claudius, Dolabella épousa, vers la fin d'avril, Tullia, fille de Cicéron [8]. Appius Claudius renonça au triomphe [9]; il fut défendu par Q. Hortensius et par son beau-fils Junius Brutus [10], et acquitté [11] avant la date du 5 avril. Pompée, dont le fils avait épousé la fille d'Appius [12], s'était beaucoup employé pour obtenir son acquittement ; Appius, qui s'était mis auparavant du côté de César, passa dans le parti de Pompée qui soutint sa candidature aux fonctions de censeur [13]. Après son élection il eut encore à soutenir un procès de brigue [14]. Dolabella fut encore son accusateur [15], mais comme dans le premier cas, il fut acquitté vers le milieu du mois de mai [16].

Partisan de Pompée, Appius Claudius exerça ses fonctions

[1]) Voir plus haut, pages 317, 405.
[2]) Dio C., 40, 63.
[3]) Cic., *Att.*, 5, 15, 2. 6, 1, 2. 6, 2, 8 *Fam.*, 2, 13, 2.
[4]) Cic.. *Att.*, 5, 17, 6. *Fam.*, 3, 6, 4. 3, 8, 6.
[5]) Cic., *Fam.*, 8, 6, 1. 2, 13, 2.
[6]) Cic., *Fam.*, 8, 4, 1.
[7]) Cic., *Fam.*, 3, 10, 5. Cf. 7, 32, 6. 6, 11, 1.
[8]) Cic., *Fam.*, 8, 13, 1. 2, 15, 2. 3, 12, 2. 4. *Att.*, 6, 6, 1. Cf. *Fam.*, 8, 6, 2. 5. 3, 10, 5. *Att.*, 6, 9, 5. 7, 3, 12.
[9]) Cic., *Fam.*, 8, 6, 1. 3, 10, 1.
[10]) Cic., *Fam.*, 3, 4, 2.
[11]) Cic., *Fam.*, 3, 11, 1 et seq. *Brut.*, 94, 324.
[12]) Cic., *Fam.*, 3, 4, 2. 3, 10, 10.
[13]) Cic., *Fam.*, 8, 6, 3. 3, 11, 3. Dio C., 40, 63.
[14]) Cic., *Fam.*, 3, 11, 2.
[15]) Cic., *Att.*, 6, 6 1. *Fam.*, 3, 12, 2.
[16]) Cic., *Fam.*, 3, 12, 1.

de censeur avec une sévérité hautaine qui ne surprend pas de
la part d'un membre de l'orgueilleuse gens Claudia [1]. En juin,
après les votes du sénat dont nous avons parlé, il publia un
édit très sévère sur le luxe des statues et des tableaux, les
grandes propriétés (*latifundia*), les dettes, les vices contre
nature [2], afin d'avoir le plus de prétextes possibles d'expulser
des sénateurs de la haute assemblée. Quand il dressa la liste
du sénat, il exclut plusieurs sénateurs, entre autres C. Sallustius Crispus, le tribun de 52 (voir plus haut, page 403),
C. Atejus Capito, le tribun de 55 (page 373). Piso le laissa
faire; il savait bien que tout sénateur atteint par la censure
devait passer dans le parti de César [3].

La nomination d'un augure en juin servit de prétexte aux
partis pour recommencer la lutte [4]. La place vacante était celle
de Q. Hortensius : fin avril il était tombé malade [5] et avait succombé en mai [6]. Parmi les candidats que le peuple avait désignés se trouvaient le consulaire L. Domitius Ahénobarbus qui
devint le candidat des Optimates [7], et M. Antonius. Antonius
avait été questeur de César, sur la demande même de César [8];
puis il était revenu à Rome; nous savons qu'il s'y trouvait au
moment des votes de juin, puisqu'il aida Curio dans sa campagne [9]; M. Antonius fut le candidat de César [10]. On avança le
jour du vote [11], et Antonius fut élu [12], grâce à l'intervention de
Curio [13] et de l'édile curule M. Cælius Rufus [14], ami intime de

---

1) Cic., *Fam.*, 3, 7, 5 ; cf. 3, 11, 5.
2) Cic., *Fam.*, 8, 14, 4 ; cf. *Att.*, 6, 9, 5.
3) Dio C., 40, 63. Cic., *de Div.*, 1, 16, 29.
4) Cic., *Fam.*, 8, 14, 1. Cæs., *B. G.*, 8, 50.
5) Cic., *Fam.*, 8, 13, 2. *Att.*, 6, 6, 2 ; cf. 6, 3, 9.
6) Cic., *Brut.*, 94, 324. 1, 1. 64, 229. *Att.*, 7, 3, 9. Vell.,
2, 49.
7) Cic., *Fam.*, 8, 14, 1.
8) Cic., *Att.*, 6, 6, 4. *Fam.*, 2, 15, 4. *Phil.*, 2, 20, 50. Cæs., *B. G.*, 7,
81. 8, 2. 24. 38. 46. Dio C. fait erreur, 45, 40.
9) Plut., *Pomp.*, 58. Cæs., 30. *Ant.*, 5.
10) Cæs., *B. G.*, 8, 50.
11) Cæs., *B. G.*, 8, 50.
12) Cæs., *B. G.*, 8, 50. Plut., *Ant.*, 5. Cic., *Phil.*, 2, 2, 4  2, 20, 50.
13) Cic., *Phil.*, 2, 2, 4.
14) Cic., *Fam.*, 8, 14, 1.

Curio[1]; Rufus manœuvrait alors pour entrer dans le parti de César[2].

Peu de temps après[3] le même M. Antonius fut élu tribun; il dut son succès à l'amitié de Curio[4], et à sa parenté avec César: il était le fils de Julia, la sœur de L. Julius Cæsar, qui avait d'abord épousé M. Antonius Créticus, et ensuite P. Cornélius Lentulus Sura, partisan de Catilina[5]. En même temps furent élus tribuns les deux frères Q. Cassius Longinus et C. Cassius Longinus[6]; le plus jeune Q. était sincèrement attaché à César[7], bien que Pompée l'eût demandé et employé comme questeur[8]. Nous connaissons encore parmi les tribuns élus à la même époque L. Marcius Philippus et L. Cæcilius Métellus[9]. Le premier était un fils du consul de 56[10] (voir plus haut, page 349), marié avec Atia, la nièce de César; — le second était un fils du consul de 68 (plus haut, page 221).

Les élections de préteurs et de consuls eurent lieu en même temps, dans le mois de juillet[11]. Le candidat de César pour le consulat, Ser. Sulpicius Galba, ne fut pas élu[12]; on nomma les candidats des Optimates, C. Claudius Marcellus et L. Cornélius Lentulus Crus[13]. Ce dernier avait été préteur en 58; en 53 il avait posé sa candidature pour entrer dans le collège des quindecimviri, mais P. Cornélius Dolabella avait été nommé[14]; il avait tellement de dettes[15] que l'on s'attendait

---

[1]) Cic., *Fam.*, 8, 17, 1. 8, 8, 10.

[2]) Cic., *Fam.*, 8, 14, 2 et seq.

[3]) Et non avant, comme le dit Plut., *Ant.*, 5.

[4]) Cic., *Phil.*, 2, 18. Plut., *Ant.*, 2. *Pomp.*, 58.

[5]) Plut., *Ant.*, 1. 2.

[6]) Cic., *Att.*, 7, 3, 5. 7, 21, 2. 7, 23, 1. Cf. Aur. Vict., *Vir. ill.*, 83.

[7]) Cic., *Att.*, 6, 8, 2.

[8]) Cic , *Att.*, 6, 6, 4. *Fam.*, 2, 15, 4. Cf. Cæs., *b. Al.*, 48. Dio C., 41, 24.

[9]) Cæs., *b. c.*, 1, 6. 33. Cic., *Att.*, 9, 6, 3.

[10]) Suet., *Aug*, 4. 8.

[11]) Cic.. *Att.*, 6, 8, 1. Cf. Cæs., *B. G.*, 8, 50. Nous n'avons plus la lettre que Cælius écrivit quarante jours avant la lettre 8, 12 (8, 12, 4), donc au commencement d'août.

[12]) Cf. Val. Max., 6, 2, 11. Suet., *Galb.*, 3.

[13]) Cæs., *B. G.*, 8, 50.

[14]) Cic., *Fam.*, 8, 4, 1.

[15]) Vell., 2, 49. Cæs., *b. c.*, 1, 4.

à le voir se laisser acheter par César [1]. Les préteurs élus furent tous, à l'exception de M. Favonius [2], des personnages sans caractère politique [3] : L. Roscius Fabatus [4], L. Manlius Torquatus [5], C. Sosius [6], P. Rutilius Lupus [7], C. Coponius [8], A. Allienus [9] et M. Æmilius Lepidus [10] ; ce dernier était le frère de L. Æmilius Paulus [11], et fils du consul de 78 (page 190).

Après les élections consulaires, César arriva dans la Cisalpine : il avait passé l'hiver de 51-50 dans la Belgique, traitant les tribus gauloises avec une grande douceur, afin d'éviter de nouvelles insurrections [12] ; il vint en Cisalpine surtout pour recommander aux citoyens de la province de nommer Antonius augure [13]. Il arriva trop tard ; alors il employa les mois de juillet et d'août à préparer sa candidature au consulat de 48 [14] ; il fut très bien accueilli par les municipes et par les colonies [15]. Pour donner au sénat une preuve de sa loyauté, il envoya à Rome [16] la légion que Pompée lui avait prêtée, la première, et une des siennes, la quinzième, qui était dans la Cisalpine depuis 53 [17] : il obéissait donc au sénatus-consulte de juin, mais en même temps il leva de nouvelles troupes [18]. Fin août il retourna dans la Transalpine, laissant la garde de la Cisal-

---

[1]) Cic., *Att.*, 6, 8, 2.
[2]) Vell., 2, 53.
[3]) Cic., *Att.*, 6, 8, 2.
[4]) Cæs., *b. c.*, 1, 3. Cic., *Att.*, 8, 12, 2.
[5]) Cæs., *b. c.*, 1, 24. Cic., *Att.*, 7, 12, 4. 9, 8, 1.
[6]) Cic., *Att.*, 8, 6, 1. 9, 1, 2.
[7]) Cæs., *b. c.*, 1, 24. Cic., *Att.*, 8. 12 A, 4. 9, 1, 2.
[8]) Cic., *Att.*, 8, 12 A, 4. Cæs., *b. c.*, 3, 5.
[9]) Cic., *Att.*, 10, 15, 3. Cf. App., *b. c.*, 2, 48. Dans ce passage, le mot Ἀλθῖνον est altéré.
[10]) Cæs., *b. c.*, 2, 21.
[11]) Dio C., 47, 6.
[12]) Cæs., *B. G.*, 8, 49.
[13]) Cæs., *B. G.*, 8, 50.
[14]) Cæs., *B. G.*, 8, 50.
[15]) Cæs., *B. G.*, 8, 51.
[16]) Cæs., *B. G.*, 8, 54. *b. c.*, 3, 88. App., *b. c.*, 2, 29. Dio C., 40, 65. Plut., *Cæs.*, 29. *Pomp.*, 56.
[17]) Cæs., *B. G.*, 8, 54.
[18]) Dio C., 40, 65.

pine à T. Atius Labienus qui était depuis longtemps son lieutenant ; en septembre il passa à Nemetocenna une grande revue de toutes ses troupes [1]. Depuis le commencement de la campagne, il s'était assuré l'affection de ses soldats par sa bienveillance et sa générosité [2], maintenant il pouvait compter sur leur fidélité [3]. Il cantonna quatre légions sous C. Trébonius en Belgique, quatre autres chez les Edues sous C. Fabius ; la treizième vint remplacer la quinzième dans la Cisalpine [4] ; César organisa ensuite les territoires conquis en province, et fixa les impôts [5].

A Rome la situation n'avait pas changé depuis les votes de juin ; pour remettre en discussion la question brûlante des provinces, il fallait que l'un ou l'autre des deux rivaux fît de nouvelles propositions. César, qui venait de donner une preuve éclatante de sa loyauté en livrant deux légions, n'avait aucun motif de rouvrir les débats. Quant à Pompée, il ne songeait guère à chercher quelque moyen de conciliation. Pendant sa maladie, il avait reçu de nombreux témoignages de sympathie : Naples, les colonies, les municipes de l'Italie l'avaient félicité de sa guérison ; Pompée avait une haute idée de sa popularité et de sa puissance [6]. Il vit les officiers des deux légions qui venaient de l'armée de César, les officiers lui dirent que César n'était pas aimé de ses soldats, et qu'il ne pouvait pas compter sur leur fidélité [7]. Bref, Pompée se crut prêt à la lutte, prêt pour affronter la guerre civile qu'il jugeait inévitable [8] ; il se crut même assez fort pour empêcher César d'arriver au consulat [9]. Il ne s'occupa plus de rien, jugea inutile d'occuper le sénat en lui soumettant de nouvelles propo-

---

[1] Cæs., *B. G.*, 8, 52.
[2] Cf. Plut., *Cæs.*, 16. 17.
[3] Cf. Plut., *Cæs.*, 29. Pomp., 58.
[4] Cæs., *B. G.*, 8, 54. b. c., 1, 7.
[5] Dio C., 40, 43. Suet., *Cæs.*, 25. Vell., 2, 39. Eutr., 6, 17.
[6] Plut., *Pomp.*, 57. Dio C., 41, 6. Cf. Cic., *Tusc.*, 1, 35, 86. *Att.*, 8, 16, 1. 9, 5, 3. Vell., 2, 48.
[7] Plut., *Pomp.*, 57. *Cæs.*, 29. App., b. c., 2, 30. Cf. Cic., *Att.*, 7, 8, 4. Cæs., b. c., 1, 6.
[8] Cic., *Att.*, 7, 4, 2. Cf. *Fam.*, 8, 14, 4.
[9] Cic., *Att.*, 7, 8, 4. 7, 9, 3.

sitions, ne fit aucun préparatif [1]; il se contenta de gagner à sa cause T. Labiénus, son ancien partisan : Labiénus, du moins il l'espérait, aurait assez d'influence pour entraîner une partie de l'armée de César [2].

Appius Claudius continuait à servir, sans le vouloir, la cause de César par sa sévérité exagérée. L. Domitius Ahénobarbus, irrité contré M. Cælius Rufus, qui passait pour avoir fait échouer son élection à l'augurat [3], le désigna aux rigueurs du terrible censeur [4], croyant rendre un service à Pompée. Cælius, qui était tout disposé à se tourner du côté de César, se réfugia près du censeur Piso qui l'accueillit [5]. Appius Claudius le fit accuser en vertu de son édit par Servius Pola, qui avait déjà porté contre lui une accusation [6]; la nouvelle accusation fut faite en vertu de la loi Scantinia à l'époque des jeux romains (en septembre): Cælius fut poursuivi pour pédérastie. Cælius retourna immédiatement une accusation du même genre contre le censeur [7], et devint un partisan avoué de César [8].

Appius Claudius aurait voulu atteindre Curio, mais Piso s'opposa à toute poursuite [9]. Une occasion s'offrit bientôt d'agir contre Curio. En septembre le bruit se répandit à Rome qu'à la suite de la revue de Nemetocenna, César avait décidé d'envoyer en Cisalpine, à Plaisance, non pas une, mais quatre légions [10]. C. Marcellus avait les faisceaux en octobre; il fit part de cette nouvelle au sénat, déclara que César agissait en ennemi de la république, et proposa de confier à Pompée les deux légions destinées à la Syrie; on les avait rappelées [11]

<hr>

1) Cf. Cæs., *b. c.*, 1, 30.
2) Cæs., *B. G.*, 8, 52. Cf. Dio C., 41, 4.
3) Cic., *Fam.*, 8, 12, 1. Cf. 8, 14, 1.
4) Cælius l'avait soutenu dans son procès de majesté. Cic.. *Fam.*, 8, 6, 1. 5. 2, 13, 2. 3, 10, 5.
5) Cic., *Fam.*, 8, 12, 2.
6) Cic., *ad Q. fr.*, 2, 13, 2.
7) Cic., *Fam.*, 8, 12, 3.
8) Cic., *Att.*, 7, 3, 6. *Brut.*, 79, 273.
9) Dio C., 40, 63.
10) Cic., *Att.*, 6, 9, 5. 7, 1, 1. App., *b. c.*, 2, 31.
11) Cic., *Fam.*, 2, 17, 1. 3. 5. *Att.*, 6, 6, 3. 7, 1, 2. 7, 2, 8. Dio C., 40, 66. App., *b. c.*, 2, 29.

quand on avait appris la retraite des Parthes, elles étaient alors à Capoue [1] ; C. Marcellus voulait que Pompée en prît le commandement pour attaquer César [2]. Curio prouva que la nouvelle était fausse, et empêcha par son intercession le vote d'un sénatus-consulte reproduisant la proposition du consul [3]. Il y eut alors de vifs débats ; Appius Claudius en profita pour dire ce qu'il pensait de Curio. C. Marcellus, très imprudent, demanda au sénat de se prononcer par un vote sur l'intercession du tribun ; le sénat donna une nouvelle preuve de sa faiblesse ; à une grande majorité il vota pour Curio contre Marcellus et Appius Claudius [4]. Marcellus perdit tout espoir d'obtenir un sénatus-consulte contre César ; il alla trouver Pompée qui était en dehors de Rome, le chargea de défendre la ville, et lui remit le commandement des deux légions [5]. Il osa même déclarer que les consuls désignés, C. Marcellus et L. Lentulus, sur le point d'entrer en fonctions, avaient approuvé cette mesure. Pompée accepta, bien que ce commandement lui fût donné d'une manière illégale, et commença à faire quelques levées de troupes [6].

Telle était la situation quand, en novembre, César revint dans la Cisalpine [7]. Il ne voulut pas encore considérer l'illégalité commise par C. Marcellus et par Pompée comme une raison suffisante pour commencer les hostilités [8] ; il préféra faire des concessions qu'il prévoyait devoir être repoussées, afin de pouvoir rejeter sur Pompée et son parti la responsabilité de la guerre civile. Curio prononça encore un violent discours dans une assemblée contre l'acte de Marcellus, et protesta contre les levées faites par Pompée ; à l'expiration de

---

[1] App., *b. c.*, 2, 29. Dio C., 40, 66. Cic., *Att.*, 7, 13 A, 2.
[2] App., *b. c.*, 2, 31.
[3] App., *b. c.*, 2, 31.
[4] Dio C., 40, 64.
[5] Dio C., 40, 64. 66. App., *b. c.*, 2, 31. Plut., *Pomp.*, 58. Cæs., *B. G.*, 8, 55. *b. c.*, 1, 2. 3. 4.
[6] Dio C., 40, 66. Plut., *Pomp.*, 59.
[7] Cæs., *B. G.*, 8, 55.
[8] Suet., *Cæs.*, 30. Cic., *Off.*, 3, 24, 82.

son tribunat, il quitta Rome pour se rendre auprès de César [1].
A ce moment il y eut à Rome un grand incendie, qui détruisit
une partie de la ville: le peuple le considéra comme un pré-
sage certain de la guerre civile qui allait éclater [2].

[1] Dio C., 40, 66. App., *b. c.*, 2, 31.
[2] Obseq., 65. Oros., 6, 14. 7, 2.

# CHAPITRE VINGTIÈME

## LA GUERRE CIVILE ENTRE CÉSAR ET POMPÉE

Curio donna le conseil à César de commencer immédiatement la guerre; César préféra négocier; il offrit d'abandonner la Gaule transalpine avec huit légions le 1er mars 49, si on lui accordait de conserver la Cisalpine avec deux légions, ou l'Illyrie avec une seule, jusqu'au moment où il prendrait possession du consulat, ou même seulement jusqu'au moment où il serait proclamé élu [1]. Ces offres ne furent pas officielles ni publiques, elles furent adressées aux principaux personnages politiques; Cicéron conseilla de les accepter, afin d'éviter la guerre civile [2].

Conformément au sénatus-consulte qui l'avait chargé du gouvernement de la province [3], Cicéron avait remis, fin juillet, l'administration au nouveau questeur, C. Cælius Caldus, que le sort avait désigné pour la Cilicie [4]. Cicéron avait conscience d'avoir bien administré la province [5], d'avoir protégé les provinciaux [6] contre l'avidité de ses compagnons et les exactions des financiers, surtout de M. Brutus [7]; il revint par Athènes [8], et arriva à Brindes le 24 novembre [9]; il

[1] Suet., *Cæs.*, 29. Vell., 2, 49. App., *b. c.*, 2, 32. Plut., *Cæs.*, 31, *Pomp.*, 59. Zon., 10, 7.

[2] Plut., *Cic.*, 37. *Cæs.*, 31. *Pomp.*, 59. Vell., 2, 48. Cf. Cic., *Fam.*, 4, 1, 1. 6, 6, 5. 16, 11, 2. 16, 12, 2.

[3] Cic., *Fam.*, 8, 10, 5. *Att.*, 7, 3, 1. 7, 7, 5.

[4] Cic., *Att.*, 6, 2, 10. 6, 4, 1. 6, 5, 3. 6, 6, 3. 7, 1, 6. *Fam.*, 2, 15, 4. 2, 17, 1. 2, 19.

[5] Cf. Cic., *Fam.*, 3, 8.

[6] Cic., *Att.*, 5, 21, 6. 9.

[7] Cic., *Att.*, 5, 21, 10 et seq. 6, 1, 5 et seq. 6, 2, 7 et seq.

[8] Cic., *Att.*, 6, 9, 1.

[9] Cic., *Att.*, 7, 2, 1. *Fam.*, 16, 9, 2.

comptait sur le triomphe [1]. César avait essayé de le gagner; il avait fait agir L. Cornélius Balbus pour lui faire voter les actions de grâces [2]; en le félicitant de les avoir obtenues, il n'avait pas manqué de glisser dans sa lettre quelques paroles désobligeantes pour Caton [3]; il venait encore de lui écrire une nouvelle lettre [4]. Cicéron savait que Pompée et César n'étaient poussés que par des sentiments égoïstes [5]; il savait aussi que la république succomberait dans cette guerre civile, aussi bien avec Pompée qu'avec César [6]; voilà pourquoi il hésitait à se prononcer et eût voulu un rapprochement [7]. Il ne pouvait cependant par rompre avec son passé politique, en suivant l'exemple des consulaires L. Volcatius Tullus et Ser. Sulpicius Rufus, qui s'étaient rapprochés de César [8]; il se décida pour Pompée malgré les fautes commises par ce dernier [9], bien qu'il connût parfaitement les ressources de César [10]. Il espérait cependant encore ménager un accord entre ces deux ennemis [11].

Pendant son voyage de Brindes à Rome [12], Cicéron vit Pompée, qui, depuis le mois de novembre, vivait en dehors de Rome [13]; il eut avec lui deux entretiens, le 10 et le 25 décembre [14]. Il paraît avoir essayé de lui faire accepter les dernières offres de César [15]. Pompée ne refusa pas absolument, à ce qu'il semble, de les examiner [16], bien qu'il ne crût pas aux

[1] Cic., *Fam.*, 2, 12, 3. 2, 15, 1. *Att.*, 6, 3, 3. 6, 6, 4. 6. 8, 5. 6, 9, 2. 7, 1, 5. 7. 9. 7, 2, 5. Cf. 7, 3, 2. 7, 4, 2. 7, 7, 4. 7, 8, 5.
[2] Cic., *Fam.*, 8, 11, 2.
[3] Cic., *Fam.*, 14, 8. *Att.*, 7, 1, 3. 7. 7, 2, 7.
[4] Cic., *Att.*, 7, 3, 11. Cf. *Fam.*, 13, 15, 1.
[5] Cic., *Att.*, 7, 3, 4. Cf., 8, 11, 2. 10, 4, 4.
[6] Cic., *Att.*, 7, 5, 4. 7, 7, 7.
[7] Cic., *Att.*, 7, 1, 2 et seq. *Fam.*, 14, 5, 1. 16, 9, 3.
[8] Cic., *Att.*, 7, 3, 3.
[9] Cic., *Att.*, 7, 1, 4. 7, 3, 2. 4. 7, 5, 5. 7, 6, 2. 7, 7, 6. Cf. 7, 13 A, 1. 8, 3, 3. 9, 5, 2.
[10] Cic., *Att.*, 7, 3, 5. 7, 7, 6. 7, 9, 3.
[11] Cic., *Att.*, 7, 3, 2. 5.
[12] Cf. Cic., *Att.*, 7, 3, 1. 12.
[13] Cic., *Att.*, 7, 2, 5. 7, 5, 4.
[14] Cic., *Att.*, 7, 4, 2. 7, 8, 4.
[15] Cic., *Att.*, 7, 5, 5. 7, 6, 2. 8, 11 D, 6. Cf. *Fam.*, 6, 4, 4.
[16] Vell., 2, 48. Plut., *Cæs.*, 31. App., *b. c.*, 2, 32. Cic., *Fam.*, 6, 6, 6. Cf. *Att.*, 7, 9, 3. 8, 8, 1.

sentiments pacifiques de César, préférât la guerre et cragnît
tout d'un second consulat de César. En agissant ainsi Pompée
cherchait surtout à rejeter sur les chefs politiques du sénat la
responsabilité de la rupture; Caton, M. Marcellus et le consul
désigné L. Lentulus Crus ne voulurent pas même discuter
les propositions de César [1], elles restèrent sans résultat [2]. On
ne peut pas prétendre que César était sincère en offrant de
négocier, ni qu'il désirait la paix; en effet, après qu'il eut fait
ses offres, il fit publier par le tribun M. Antoine un édit par
lequel le tribun cherchait à empêcher les levées de troupes
commandées par Pompée; il demandait aussi que les deux
légions fussent envoyées en Syrie [3]; le 21 décembre il réunit
une assemblée où il déclara que César était prêt à se soumettre
aux décisions du peuple; mais en même temps il attaqua
Pompée avec une extrême violence en passant en revue sa
carrière politique [4].

Quand ses propositions eurent été écartées, César envoya
Curio à Rome, le chargeant de remettre une lettre officielle
aux nouveaux consuls le 1er janvier 49, pendant que le sénat
serait en séance. Après avoir rappelé ses services, César
demandait que le sénat s'engageât à ne pas lui contester le
droit que lui avait accordé le peuple de briguer le consulat
tout en conservant ses provinces; il renouvelait sa promesse
de se démettre si Pompée en faisait autant; mais si Pompée
conservait ses pouvoirs, si on lui contestait le droit de se
présenter au consulat dans les conditions rappelées plus haut,
il prendrait les mesures voulues pour faire respecter son
droit [5]. Comme d'habitude la séance du sénat eut lieu au
Capitole; ni Pompée [6], ni Cicéron [7] n'y assistèrent; les consuls

[1] Vell., 2, 49. Suet., *Cæs.*, 30. Plut., *Cæs.*, 31. *Pomp.*, 59. App., *b. c.*,
2, 32. Cf. Cic., *Fam.*, 4, 1, 1. 6, 6, 6. 9, 6, 2. 16, 11, 2. 16, 12, 2.

[2] Cic., *Brut.*, 2, 6.

[3] Plut., *Ant.*, 5.

[4] Cic., *Att.*, 7, 8, 5. Cf. Plut., *Pomp.*, 59. *Cæs.*, 30,

[5] Suet., *Cæs.*, 29. App., *b. c.*, 2, 32. Dio C., 41, 1. Cf. Cæs., *b. c.*,
1, 9. Cic., *Fam.*, 16, 11, 2. Plut., *Pomp.*, 59. *Cæs.*, 30.

[6] Cæs., *b. c.*, 1, 2.

[7] Cic, *Fam.*, 16, 11, 2. Cf. *Att.*, 7, 4, 2. 3, 7, 5. 3. 7, 7, 3. 7, 8, 2.

s'opposèrent à la lecture de la lettre, mais les tribuns Antoine et Q. Cassius Longinus l'exigèrent [1].

Dans leurs discours les consuls ne parlèrent pas de la lettre de César; selon la coutume ils firent un tableau de la situation de la république (*de republica*). L. Lentulus déclara qu'il était disposé à prendre les mesures nécessaires, si le sénat avait le courage de voter des résolutions en rapport avec les circonstances. Métellus Scipio, répondant à une question qui lui était adressée, affirma que Pompée était prêt à prendre la défense du sénat, si l'on faisait appel à sa bonne volonté de suite ; plus tard il ne serait plus temps [2]. Il déposa ensuite la proposition que César serait déclaré ennemi de l'État, s'il ne se démettait pas à une époque déterminée [3]. Quelle date choisit Scipio ? ce ne fut ni le 1er mars, ni le 13 novembre, mais probablement le 1er juillet, qui était le dernier jour où l'on pouvait poser la candidature au consulat [4]. La proposition fut combattue, dans le parti opposé à César, par le consulaire M. Claudius Marcellus ; Marcellus avait des raisons sérieuses de se défier de Pompée [5], il demanda que la délibération fût ajournée jusqu'au moment où les levées de troupes seraient terminées ; M. Calidius la combattit au nom des intérêts de César; d'accord avec M. Cælius Rufus, il demanda que Pompée se rendît d'abord dans sa province d'Espagne. Le consul L. Lentulus répondit que la proposition de M. Calidius était étrangère à l'objet de la délibération, et refusa de la mettre au voix: il obtint aussi que Marcellus renonçât à la sienne. Alors la proposition de Scipio fut votée ; C. Scribonius Curio et M. Cælius Rufus furent les seuls opposants. On avait donc réussi à obtenir des sénateurs inquiets et indifférents jusque-là un vote décisif. Mais ce vote ne put être traduit en

---

[1] Cæs., *b. c.*, 1, 1. Dio C., 41, 1. Plut., *Ant.*, 5. Cf. *Pomp.*, 59. *Cæs.*, 30.

[2] Cæs., *b. c.*, 1, 1.

[3] Cæs., *b. c.*, 1, 2. Cf. Plut.. *Cæs.*, 30.

[4] Cf. Cæs., *b. c.*, 1, 9 *erepto semenstri imperio*. Cic., *Fam.*, 16, 12, 3 *se præsentem trinum nundinum petiturum*. Vell., 2, 49. Flor., 4, 2, 16.

[5] Cf. Cic., *Fam.*, 4, 7, 2.

sénatus-consulte : M. Antoine et Q. Cassius Longinus opposèrent leur intercession [1].

Le 2 janvier [2] le sénat essaya de faire retirer l'intercession des tribuns, mais sans résultat ; les tribuns ne voulurent pas céder [3] ; ils s'opposèrent même à laisser passer un décret portant que le sénat prendrait le deuil (*vestis mutatio*) ; malgré leur opposition les sénateurs revêtirent cependant des vêtements de deuil [4]. Les 3 et 4 janvier il n'y eut pas de séances du sénat ; ces deux jours étaient des jours de comices : on ne connaît pas les questions qui furent alors soumises au peuple par les tribuns [5]. Pompée en profita pour gagner les sénateurs et remplir la ville de ses soldats [6]. Les trois jours suivants on revint encore sur l'intercession des tribuns [7]. Le censeur L. Calpurnius Piso, beau-père de César, et le préteur L. Roscius Fabatus demandèrent un délai de six jours pour faire en leur nom personnel une dernière démarche auprès de César. D'autres furent d'avis qu'il valait mieux désigner une mission officielle qui serait chargée de remettre à César le vote du sénat. Lentulus, Cato et Scipio persistèrent à vouloir réclamer l'exécution de la proposition votée [8] ; les tribuns maintinrent leur veto [9]. Enfin le 7 janvier, qui était cependant un jour de comice, on rendit le *senatus-consultum ultimum* : les consuls, les préteurs, les proconsuls qui se trouvaient dans les environs de Rome, les tribuns étaient chargés d'agir même par la force contre les tribuns qui avaient fait intercession [10]. M. Antoine et Q. Cassius Longinus s'enfuirent auprès de César, ainsi que C. Scribonius Curio et M. Cælius Rufus ; César était à Ravenne, attendant la solution des évé-

---

[1]) Cæs., *b. c.*, 1, 2. Dio C., 41, 2. Cic., *Phil.*, 2, 21, 51.
[2]) Dio C., 41, 2. Cf. Cæs., *b. c.*, 1, 5 *quinque primis diebus.*
[3]) Dio C., 41, 2. Cæs., *b. c.*, 1, 2. Cic., *Phil.*, 2, 21, 51.
[4]) Dio C., 41, 3. Cf. Plut., *Cæs.*, 30.
[5]) Cæs., *b. c.*, 1, 5 *biduo excepto comitiali.*
[6]) Cæs., *b. c.*, 1, 3.
[7]) Cic., *Phil.*, 2, 21, 52.
[8]) Cæs., *b. c.*, 1, 3. 4.
[9]) Liv., *ep.*, 109.
[10]) Cæs., *b. c.*, 1, 5. Cic., *Phil.*, 2, 21, 51. *Dej.*, 4, 11. *Fam.*, 16, 11, 3. Liv., *ep.*, 109. Dio C., 41, 3.

nements qui s'accomplissaient à Rome [1]. Les tribuns avaient obtenu ce qu'ils désiraient : ils pouvaient faire valoir auprès du peuple et des soldats que le sénat n'avait pas tenu compte de l'intercession des tribuns, que le même sénat avait autorisé les violences contre les tribuns. César avait donc des motifs sérieux d'attaquer le sénat [2]. Avant de quitter Rome, M. Antoine avait déjà fait valoir cet argument devant une assemblée populaire [3].

Le 8 et le 9 janvier les séances du sénat furent tenues en dehors de la ville, afin que Pompée pût y assister [4]. On transforma en sénatus-consulte la proposition de Scipio votée le 1er janvier; on décida [5] que des levées seraient faites dans toute l'Italie, que Pompée aurait à sa disposition la caisse du trésor et l'argent des municipes. On fit la répartition des provinces. Scipio, qui avait été une première fois consul en 52, fut nommé gouverneur de Syrie [6], bien qu'il ne fût pas dans les conditions prévues par la loi de Pompée; depuis le départ de M. Bibulus, elle avait été provisoirement administrée par le questeur Vejento [7]. L. Domitius Ahénobarbus, consul de 54, eut la Gaule ultérieure [8]. Les autres provinces furent confiées à d'anciens préteurs : M. Considius Nonianus eut la Gaule cisalpine [9]. Pour hâter les levées de troupes, on envoya dans les différentes régions de l'Italie des officiers de recrutement (*conquisitores*); on nomma immédiatement les chefs qui devaient prendre le commandement des troupes dans chaque région [10].

---

[1]) Cæs., *b. c.*, 1, 5. Cic., *Phil.*, 2, 21, 52. *Fam.*, 16, 11, 2. Liv., *ep.*, 109. Oros., 6, 15. Dio C., 41, 3. App., *b. c.*, 2, 33. Plut., *Cæs.*, 31. *Ant.*, 5.

[2]) Plut., *Ant.*, 6. Suet., *Cæs.*, 30. Cf. Cic., *Att.*, 7, 9, 2. *Phil.*, 2, 22, 53.

[3]) Plut., *Ant.*, 5. App., *b. c.*, 2, 33. Cf. Dio C., 45, 27. 46, 2. 11.

[4]) Dio C., 41. 3.

[5]) Cæs., *b. c.*, 1, 6. Dio C., 41, 3. App., *b. c.*, 2, 34.

[6]) Cf. Cic., *Att.*, 9, 1, 4.

[7]) Cic., *Att.*, 7, 3, 5.

[8]) Cf. Cic , *Fam.*, 16, 12, 3. Suet., *Cæs.*, 34. *Ner.*, 2. App. *b. c.*, 2, 32.

[9]) Cic., *Fam.*, 16, 12, 3. Cf. *Att.*, 8, 11 B, 2.

[10]) Cic., *Fam.*, 16, 11, 3. 16, 12, 5. *Att.*, 7, 11, 5. 8, 11 D, 5, 8, 12, 2. 8, 3, 7. 7, 13 B, 7. Cf. Cæs., *b. c.*, 1, 12. Flor., 4, 2, 19.

Quand César eut appris l'arrivée des tribuns à Ariminum,
quand il connut les résolutions prises par le sénat, il déclara
que ces résolutions étaient illégales[1], parce qu'elles avaient
été votées en l'absence des tribuns ; il réunit ses soldats et,
le 12 ou le 13 janvier, leur adressa une proclamation, dans
laquelle il insista sur la violation des privilèges tribuniciens,
et sur les mesures de violence qui avaient été prises à l'égard
des tribuns[2]. Il franchit aussitôt le Rubicon[3], et assiégea
Ariminum ; la guerre civile était commencée. Devant Ariminum César réunit une assemblée en présence des tribuns ;
c'est de là qu'il adressa aux légions de la Transalpine l'ordre
de venir le rejoindre[4].

La nouvelle du siège d'Ariminum dut arriver à Rome vers
le 16 janvier ; elle produisit une agitation indescriptible[5]. Le
bruit courut aussitôt que les troupes de César fort nombreuses
assiégeaient en même temps Pisaurum, Ancona et Arretium[6].
Au sénat on adressa des reproches à Pompée sur la lenteur de
ses préparatifs, on lui reprocha aussi de s'être laissé entraîner
par Lentulus à repousser les dernières offres de César[7] ;
L. Volcatius Tullus proposa d'envoyer une députation à
César[8]. Cicéron approuva ce projet[9], que Pompée fit rejeter[10] ;
on vota, sur la proposition de Caton, la nomination de Pompée comme général en chef[11]. Pompée déclara aussitôt qu'il
fallait abandonner Rome ; il eut la maladresse d'ajouter que
l'on considérerait comme ennemis de la république et parti-

---

[1]) Cf. Cic., *Att.*, 11, 7, 1.

[2]) Cæs., *b. c.*, 1, 7. Cf. App., *b. c.*, 2, 33. Plut., *Cæs.*, 31. Zon.,
10, 7.

[3]) App., *b. c.*, 2, 35. Plut , *Cæs.*, 32. *Pomp.*, 60. Vell., 2, 49. Suet.,
*Cæs.*, 31. Oros., 6, 15.

[4]) Cæs., *b. c.*, 1, 8. Suet., *Cæs.*, 33. Dio C., 41, 4. Plut., *Cæs.*, 32.
*Pomp.*, 60.

[5]) Plut., *Cæs.*, 33. *Pomp.*, 60. Cf. Cic., *Att.*, 7, 10. 7, 11, 1.

[6]) Cic.. *Fam.*, 16, 12, 2. Cf. Dio C., 41, 4.

[7]) Plut., *Pomp.*, 60. *Cæs.*, 33. App., *b. c.*, 2, 36.

[8]) Plut., *Pomp.*, 60.

[9]) App., *b. c.*, 2, 36. Cf. Cic., *Marc.*, 5, 15. *Fam.*, 16, 11, 2. 16,
12, 2.

[10]) Cf. Cæs.. *b. c.*, 1, 32.

[11]) Plut., *Pomp.*, 61. *Cat., min.*, 52.

sans de César tous les magistrats et tous les sénateurs qui resteraient[1]. On suspendit l'exercice de la justice[2], on autorisa les tribuns, les préteurs (*urbanus* et *peregrinus*) à quitter Rome[3]. Pompée sortit de Rome le 17 janvier, les consuls, le 18[4]. Leur départ fut si précipité que les consuls n'eurent pas le temps de faire rendre la loi curiate (*de imperio*) pour eux et pour les anciens magistrats nommés gouverneurs de provinces[5]; ils n'emportèrent même pas l'argent qui se trouvait dans le trésor[6].

Après avoir quitté Rome, Pompée se rendit compte de ce qui manquait à ses préparatifs[7]; n'ayant pas grande confiance dans les chefs du parti sénatorial[8], il entama en son nom personnel des négociations avec César; en même temps Cicéron essayait de décider César par l'intermédiaire de M. Cælius Rufus[9]. Le négociateur choisi par Pompée fut le préteur L. Roscius Fabatus, auquel s'adjoignit volontairement le jeune L. Julius Cæsar, fils du consul de 64[10]. César leur déclara que si Pompée allait en Espagne et licenciait son armée d'Italie, il consentirait à remettre la Gaule ultérieure à L. Domitius Ahenobarbus, la Gaule Cisalpine à M. Considius Nonianus; il se présenterait comme simple particulier devant les comices, et se soumettrait à la décision du peuple; il déclara aussi qu'il désirait avoir une entrevue personnelle avec Pompée pour régler toutes les conventions d'un accord, et les faire confirmer par un serment[11]. Ses négociateurs vinrent

[1]) Plut., *Pomp.*, 61. *Cæs.*, 33. App., *b. c.*, 2. 37. Cf. *Cæs.*, *b. c.*, 1, 33. Dio C., 41, 6. Suet., *Cæs.*, 75. *Ner.*, 2. Cic., *Att.*, 9, 10, 2.

[2]) Cic., *Att.*, 7, 12, 2.

[3]) Dio C., 41, 6.

[4]) Cic., *Att.*, 9, 10, 4. 7, 12, 1. 2. Cf. *Cæs.*, *b. c.*, 1, 6. 10. 14. App., *b. c.*, 2, 37. Dio C., 41, 6.

[5]) Plut., *Pomp.*, 61. *Cæs.*, 34. Cf. *Cæs.*, *b. c.*, 1, 6. Dio C., 41, 43.

[6]) Dio C., 41, 6. *Cæs.*, *b. c.*, 1, 6. 14. Cic., *Att.*, 7, [12, 2. 7, 15, 3. 7, 21, 2. 8, 3, 4.

[7]) Cf. Cic., *Att.*, 7, 15, 3.

[8]) Dio C., 41, 5.

[9]) Cic., *Fam.*, 8, 17, 1.

[10]) Cic., *Att.*, 7, 13 B, 6. Cf. *Cæs.*, *b. c.*, 1, 8. 10.

[11]) *Cæs.*, *b. c.*, 1, 9. Cic., *Fam.*, 16, 12, 13. *Att.*, 7, 17, 2. Dio C., 41, 5.

retrouver Pompée et les consuls à Teanum [1], le 23 janvier; la veille T. Labienus, qui avait abandonné César [2], les avait rejoints [3]. Labienus avait annoncé que les forces de César étaient insignifiantes; encouragés par cette nouvelle [4], Pompée et les consuls déclarèrent qu'ils n'accueilleraient les propositions de César, de la sincérité desquelles ils doutaient [5], qu'aux conditions suivantes : César abandonnerait le siège des villes de Ariminum, Arretium, Pisaurum, Ancona [6], retournerait en Gaule et licencierait son armée. Si César obéissait, Pompée irait en Espagne ; mais on continuerait à faire des préparatifs tant que César n'aurait pas donné les garanties demandées. Si César acceptait ces conditions, on retournerait à Rome, et on soumettrait l'affaire au sénat [7]. Ces propositions furent communiquées à César par une lettre signée de Pompée et rédigée par P. Sestius; dans cette lettre on promettait encore à César le triomphe et le consulat. Elle lui fut apportée par L. Cæsar [8]. César, pour renseigner le peuple de Rome, fit lire la lettre de Pompée dans une assemblée [9].

César avait dû recevoir la lettre de Pompée vers le 27 janvier [10]; il fut loin d'en être satisfait [11]; pendant les négociations il avait continué ses armements avec vigueur [12]. Il avait déjà occupé Arretium, Pisaurum et Ancône [13], il assiégeait alors Iguvium et Auximum [14]; et, quand il eut reçu de Gaule la

---

[1] Cic., *Att.*, 7, 13 B, 6. 7, 14, 1. Cf. Cæs., *b. c.*, 1, 10.

[2] Cic., *Att.*, 7, 11, 1. 7, 12, 5. 7, 13 A, 1. *Fam.*, 14, 14, 2. Dio C., 41, 4. Plut., *Cæs.*, 34.

[3] Cic., *Att.*, 7, 13 B, 7. *Fam.*, 16, 12, 4.

[4] Cic., *Att.*, 7, 16, 2.

[5] Cic., *Att.*, 7, 15, 3.

[6] Cf. Cic., *Att.*, 7, 11, 1. 7, 18, 2.

[7] Cæs., *b. c.*, 1, 10. Cic., *Fam.*, 16, 12, 3. *Att.*, 7, 14, 1. 7, 15, 2. Cf. Dio C., 41, 5.

[8] Cic., *Att.*, 7, 16, 2. 7, 17, 2. 7, 26, 2. 8, 9, 2. 8, 11 D, 7. 8, 12, 2.

[9] Cic., *Att.*, 7, 18, 1. 8, 9, 2.

[10] Cf. Cic., *Att.*, 7, 18, 2. 7, 19.

[11] Cæs., *b. c.*, 1, 11. Dio C., 41, 6.

[12] Cic., *Att.*, 7, 17, 2. 7, 18, 2.

[13] Cæs., *b. c.*, 1, 11.

[14] Cæs., *b. c.*, 1, 12. Cf. Cic., *Att.*, 7, 13 B, 7.

douzième légion, il s'avança jusqu'à Asculum [1]. Maître du Picenum, César avait coupé de Rome l'armée de Pompée ; aussi les consuls qui avaient reçu de Pompée, le 7 février, par l'intermédiaire du tribun C. Cassius Longinus, l'ordre d'aller à Rome pour retirer l'argent du trésor, ne purent accomplir leur mission [2].

Les forces de Pompée s'étaient rassemblées à Corfinium sous le commandement de L. Domitius Ahenobarbus [3], et sous le commandement direct de Pompée en Campanie et en Apulie [4]. Le 9 février, Domitius avait dû quitter Corfinium pour aller rejoindre Pompée [5] ; il crut qu'il pourrait arrêter César, resta à Corfinium, et attendit que Pompée vînt le rejoindre [6]. Or Pompée était plus abattu, plus indécis [7] que jamais : il n'avait aucune confiance dans les deux légions de César, ni dans les nouvelles troupes [8] ; il était découragé par le peu d'empressement que mettaient les municipes à lui fournir des ressources [9]. Décidé à abandonner l'Italie, il envoya deux cohortes occuper Brindes [10], prit ses dispositions pour gagner Dyrrachium [11], et ordonna à Domitius de venir le rejoindre vers Luceria [12]. Les deux armées ne purent se réunir. Sur qui faut-il faire retomber l'insuccès de cette entreprise [13], dont dépendaient l'issue de la guerre et le sort de l'État [14] ? César arriva devant Corfinium plus tôt qu'on ne s'y attendait, et empêcha Domitius de sortir pour rejoindre Pompée [15] ; Domi-

---

[1]) Cæs., b. c., 1, 15.
[2]) Cic., Att., 7, 21, 2. Cf. 8, 3, 4. Cæs., b. c., 1, 14.
[3]) Cæs., b. c., 1, 15. Cf. Cic., Att., 7, 13 B, 7. 7, 23, 1.
[4]) Cæs., b. c., 1, 14. Cic., Att., 7, 13 A, 2. 7, 20, 1.
[5]) Cic., Att., 8, 11 A. 8, 12 B. 1.
[6]) Cæs., b. c., 1, 17. Cic., Att., 8, 3, 7. 8, 12 C, 4. Cf. 8, 11 D, 3. 8, 12. 3.
[7]) Cic., Att., 7, 21, 1. 8, 7, 1.
[8]) Cic., Att., 7, 13 A, 2. 7, 20, 1.
[9]) Cic., Att., 7, 14, 2. 7, 21, 1. 7, 23, 3.
[10]) Cic., Att., 8, 3, 7.
[11]) Cic., Att., 8, 6, 2. 8, 11 D, 3. 8, 12 A, 3.
[12]) Cic., Att., 8, 12 A, 1. 8, 12 C. 8, 12 D. Dio C., 41, 11.
[13]) Cic., Att., 8, 12, 6. 8, 8, 1.
[14]) Cic., Att., 7, 23, 3. 8, 5, 2. 8, 11 D, 3. 8, 12 C, 3.
[15]) Cæs., b. c., 1, 16. Cic., Att., 8, 3, 7. 8, 4. 3. 8, 12 A. 1. Cf. Fam., 8, 15, 1.

tius capitula à Corfinium avec trente cohortes[1], le 19 février[2] ;
César rendit la liberté à Domitius et à plusieurs sénateurs,
surtout au consulaire P. Lentulus Spinther[3] ; après avoir
prêté le serment de rester fidèles à César, les soldats furent diri-
gés sur la Sicile[4].

De Luceria Pompée se porta sur Canusium[5] ; il en partit
le 21 février[6], le 25 il était à Brindes[7] ; César quitta Corfinium le 21 février ; il envoya le neveu[8] de L. Cornelius Balbus[9] au consul L. Lentulus, pour le décider à quitter le
parti de Pompée[10]. Pompée avait déjà envoyé les consuls et
une partie de ses forces à Dyrrachium[11]. Il était encore
à Brindes, attendant le retour de ses vaisseaux, quand
le 9 mars[12], César arriva avec une armée qui comptait six
légions[13]. César proposait toujours de traiter[14], il demanda
par deux fois une entrevue à Pompée[15]. Ce dernier refusa, et
s'embarqua pour Dyrrachium[16], le 17 mars[17]. Il envoya Sci-
pion et son fils Cn. Pompée en Syrie pour armer une flotte[18] :

[1]) Cæs.; *b. c.*, 1, 18-23. Liv., *ep.*, 109. Vell., 2, 50. Suet., *Cæs.*, 34.
*Ner*, 2. Flor., 4, 2, 19. Oros., 6, 15. App., *b. c.*, 2, 38. Dio C., 41, 10.
Plut., *Cæs.*, 34, Zon., 10, 7.

[2]) Cic., *Att.*, 8, 14, 1. Cf. 8, 8, 2. 8, 11 D, 4.

[3]) Cf. Cic., *Att.*, 8, 12, 6. 8. 14, 3. 9, 1, 2. 9, 3, 1. 9, 6, 2. 9. 7, 6. 9,
9, 3. 9, 11, 1. 9, 11 A, 3. 9, 13, 7. 9, 15, 4. 9, 16, 2.

[4]) Cæs., *b. c.*, 1, 25.

[5]) Cic., *Att.*, 8, 9, 4. 8, 11, 4. 8, 12 A, 2.

[6]) Cic., *Att.*, 8, 14, 1. 9, 1, 1.

[7]) Cic., *Att.*, 9, 10, 8. Cf. 8, 9, 4.

[8]) Plin., *n. h.*, 5, 5, 5, 36.

[9]) Cf. Cic., *Att.*, 8, 15 A, 9, 7 B, 2.

[10]) Cic., *Att.*, 8, 9, 4. 8, 11, 5. Cf. *Fam.*, 10, 32, 3. Vell., 2, 51.

[11]) Cæs., *b. c.*, 1, 25. Cic., *Att.*, 8, 11, 5. 8, 15, 3. 9, 2. 9, 6, 1. 9, 9,
2. Dio C., 41, 12. App., *b. c.*, 2, 38. Plut., *Cæs.*, 35.

[12]) Cic., *Att.*, 9, 3, 2. 9, 13 A, 1.

[13]) Cæs., *b. c.*, 1, 25. Cic., *Att.*, 9, 18, 2.

[14]) Cic., *Att.*, 8, 9, 4.

[15]) Cæs., *b. c.*, 1, 24. 26. Cic., *Att.*, 9, 7 C, 2. 9, 13, 8. 9, 13 A, 1. Dio
C., 41, 12. Plut., *Pomp.*, 63.

[16]) Cæs., *b. c.*, 1, 25 et seq. App., *b. c.*, 2, 40. Dio C., 41, 12. Plut.,
*Pomp.*, 62. *Cæs.*, 35. Vell., 2, 49. Suet., *Cæs.*, 34. Front., *Strat.*, 1, 5, 5.
Flor., 4, 2, 20. Eutr., 6, 19. Oros., 6, 15. Cic., *Phil.*, 2, 22, 54.

[17]) Cic., *Att.*, 9, 15 A. Cf. Plut., *Cæs.*, 56. Oros., 6, 16. Cic., *Att.*, 9, 6,
3. 9, 11, 3. 9, 12, 3. 9, 13, 1. 9, 14, 1. 3.

[18]) Plut., *Pomp.*, 62.

nouveau Thémistocle, il espérait sauver sa patrie en combattant sur mer [1].

César occupa Brindes[2] : en soixante jours il avait fait la conquête de l'Italie [3]. N'ayant pas de flotte, il ne pouvait poursuivre Pompée ; il se contenta d'occuper les principaux ports, Sipontum, Brindes, Hydruntum, Tarentes et Thurii[4], et se décida ensuite à attaquer l'armée que Pompée avait en Espagne[5], sur laquelle ce dernier comptait beaucoup [6].

A Rome, après le départ de Pompée et de ses partisans, les citoyens avaient été très inquiets [7] ; il resta cependant un grand nombre de sénateurs, d'abord les partisans de César, puis les indifférents [8]. D'autres refusèrent de quitter l'Italie, comme C. Marcellus, le consul de 50[9]. Plusieurs, par exemple les consulaires M. Æmilius Lepidus, L. Volcatius Tullus, Ser. Sulpicius Rufus, étaient prêts à revenir à Rome pour se trouver au sénat au moment de l'arrivée de César [10]. En voyant l'Italie se prononcer pour César [11], un certain nombre de ceux qui s'étaient d'abord rangés du côté de Pompée [12] rentrèrent dans la ville ; de ce nombre furent les préteurs C. Sosius et Rutilius Lupus [13]. Malgré l'absence des consuls et de Appius Claudius Pulcher, qui était parti avant d'avoir terminé le recensement [14], les pré-

---

[1]) Cic., *Att.*, 7, 11, 3. Plut., *Pomp.*, 63. App., *b. c.*, 2, 50. Cf. Cic., *Att.*, 9, 9, 2. 9, 10, 4.

[2]) Cæs., *b. c.*, 1, 28.

[3]) Plut., *Pomp.*, 63. *Cæs.*, 36.

[4]) Cic., *Att.*, 9, 15, 1. App., *b. c.*, 2, 40. Cæs., *b. c.*, 3, 22.

[5]) Cæs., *b. c.*, 1, 29. Cic., *Att.*. 9, 15 A. 10, 4, 8. App., *b. c.*, 2, 40. Dio C., 41, 15.

[6]) Cic., *Fam.*, 16, 12, 4. *Att.*, 8, 3, 7. 10, 9, 1. Cf. Dio C., 41, 10.

[7]) Dio C., 41, 7 et seq.

[8]) Dio C., 41, 9. Corn. Nep., *Att.*, 7.

[9]) Cic., *Att.*, 10, 12, 3. 10, 13, 2. 10, 15, 2.

[10]) Cic., *Att.*, 7, 12, 4. 8, 1, 3. 8, 9, 3. 8, 15, 2. 9, 1, 2. Cf. 8, 6, 1. 9, 10, 7.

[11]) Cic., *Att.*, 8, 1, 3. 8, 16, 1. 9, 5, 3.

[12]) Cic., *Att.*, 8, 11, 7. 8, 16, 1. 2. 9, 1, 2. 9, 8, 1. 9, 12, 3. 9, 13, 6.

[13]) Cic., *Att.*, 9, 1, 2. Cf. 8, 13 A, 4.

[14]) Cic., *Att.*, 8, 15, 3. 9, 1, 4.

teurs reprirent l'exercice de leurs fonctions judiciaires [1], et les édiles préparèrent les grands jeux [2].

Cicéron était resté en Italie, persuadé que l'accord pourrait s'établir entre César et Pompée au détriment des Optimates [3]; arrêté par la marche rapide de César sur Brindes, Cicéron n'avait pu suivre Pompée [4]. Bien que son gendre P. Dolabella se fût rallié depuis longtemps au parti de César [5], bien que César lui eût écrit plusieurs fois [6], et eût fait auprès de lui une démarche personnelle pour le gagner pendant sa marche de Corfinium sur Brindes [7], Cicéron refusa de venir à Rome assister à la première séance du sénat convoquée pour le 1er avril [8]. Il préféra rester en Campanie, protégé par ses licteurs [9] : il avait en effet conservé ses pouvoirs, et n'avait pas renoncé au triomphe dont il avait été question au sénat dans les séances des 8 et 9 janvier [10]; mais il était toujours aussi irrésolu, ne sachant s'il irait retrouver Pompée, ni comment il s'y prendrait pour le faire [11].

Les tribuns M. Antoine et Q. Cassius Longinus, chassés au mois de janvier, convoquèrent le Sénat en dehors de la ville [12]. La compétence et la légalité de ce sénat-croupion étaient très contestables [13]. César fit à sa manière le récit de sa rupture avec Pompée, et demanda que le Sénat désignât des ambassadeurs qui iraient négocier avec ce dernier; le Sénat y consentit; le décret fut probablement présenté par L. Volca-

---

[1]) Cic., *Att.*, 9, 1, 2. 9, 12, 3. Cf. 10, 15, 3.
[2]) Cic., *Att.*, 9, 12, 3. Dio C., 41, 36.
[3]) Cic., *Att.*, 7, 26, 2. 8, 11 D, 7. 8, 12, 2. 10, 8, 5.
[4]) Cic., *Att.*, 8, 11 D. 8, 12, 3. 9, 2 A, 2. 10, 8, 5.
[5]) Cic., *Fam.*, 14, 14. 16, 12, 5. *Att.*, 7, 21. 9, 16 A, 3.
[6]) Cic., *Att.*, 7, 17, 3. 7, 21, 3. 7, 23, 3. 8, 2, 1. 8, 9, 1. 8, 11, 5. 8, 15 A. 9, 6, 6. 9, 6 A. 9, 7 A. B. 9, 7, 3. 9, 9, 3. 9, 11, 2. 9, 11 A. 9, 16, 2. Plut., *Cic.*, 37.
[7]) Cic., *Att.*, 9, 15 A. 9, 8, 2. 9, 14, 3. 9, 15, 1. 9, 18, 1. *Fam.*, 4, 1, 1.
[8]) Cic., *Att.*, 9, 17, 1. 9, 19, 2.
[9]) Cic., *Att.*, 7, 10. 7, 12, 4. 7, 20, 2. 8, 3, 5. 9, 1, 3.
[10]) Cic., *Fam.*, 16, 11, 3. Plut., *Cic.*, 37.
[11]) Cic., *Att.*, 7, 20, 2. 8, 3. 9, 2 A. 9, 4. 9, 10.
[12]) Dio C., 41, 15.
[13]) Cic., *Att.*, 10, 1, 2. *Fam.*, 4, 1, 1.

tius Tullus ou par Ser. Sulpicius Rufus [1], mais il ne put être exécuté : on ne trouva personne pour accepter la périlleuse mission d'aller négocier avec Pompée, qui avait menacé de traiter en ennemis tous ceux qui ne le suivraient pas [2]. César était à bout de ressources [3]; il avait distribué tout son argent à ses partisans [4]; il demanda au Sénat l'autorisation de prendre l'argent déposé dans le trésor (*ærarium sanctius*), dont les consuls avaient emporté les clefs [5]. Deux tribuns, C. Cassius Longinus et un autre, avaient suivi Pompée [6]; ceux qui restaient s'opposèrent cependant à une pareille violation de la loi; l'un d'eux, L. Cœcilius Metellus [7], eut le courage de faire intercession [8]. César se soucia peu de l'intercession tribunicienne : malgré la loi qui lui défendait de pénétrer dans la ville en qualité de proconsul, il vint au forum et, profitant de son inviolabilité, força le trésor. César avait pris l'engagement de ne jamais recourir à la violence [9], mais l'opposition du jeune tribun l'irrita à tel point qu'il menaça de mort Metellus, le fit emmener par son collègue Cotta, et prit de force l'argent déposé dans le trésor [10]. Un pareil acte diminua la popularité de César, surtout dans le bas peuple [11] : il venait cependant de promettre dans une assemblée une distribution de blé et d'argent : chaque citoyen devait recevoir 300 sesterces [12].

Pendant les six ou sept jours qu'il resta à Rome [13], César

---

[1]) Cic , *Att.*, 9, 19, 2. 10, 3 A. *Fam.*, 4, 1, 1.

[2]) Cæs., *b. c.*, 1, 32. Dio C., 41, 15. Plut., *Cæs.*, 35. Vell., 2, 50. Suet., *Cæs.*, 34. Cf. Cic., *Att.*, 9, 7 A, 1. 9, 7 C, 1. 9, 11, 2. 10, 3.

[3]) Cf. Nep., *Att.*, 7.

[4]) Cic., *Att.*, 9, 13, 4.

[5]) Dio C., 41, 17. Cf. Cic., *Att.*, 7, 12, 2. Cæs., *b. c.*, 1, 14.

[6]) Cic., *Att.*, 9, 1, 4. 9, 6, 3. *Phil.*, 2, 22, 54.

[7]) Cf. Cic., *Att.*, 9, 6, 3.

[8]) Cæs., *b. c.*, 1, 33. Cic., *Fam.*, 8, 16, 1 = *Att.*, 10, 9 A, 1.

[9]) Cic., *Att.*, 9, 7 C, 1. 9, 14, 2. 10, 4, 8.

[10]) Dio C., 41, 17. *App.*, *b. c.*, 2, 41. Plut., *Cæs.*, 35. *Pomp.*, 62. Zon., 10, 8. Lucan., 3, 114 et seq. Plin., *n. h.*, 33, 3, 17, 56. Flor., 4, 2, 21. Oros., 6, 15. Cassiod., *a.*, 705, p. 624 (Mommsen).

[11]) Cic., *Att.*, 10, 4, 8. 10, 8, 6.

[12]) Dio C., 41, 16. 43, 21. Cf. App., *b. c.*, 2, 41. Vell., 2, 50. Suet , *Cæs.*, 38.

[13]) Cic., *Att.*, 10, 8, 6. Cæs., *b. c.*, 1, 33.

ne put proposer de lois; comme proconsul il n'en avait pas le droit. Mais il chargea M. Antoine de faire diverses propositions au peuple[1]. A ce moment, ou peu après le départ de César, fut présentée la loi *Antonia de proscriptorum liberis :* les enfants de ceux qui avaient été proscrits par Sylla, dont César avait déjà pris la défense après son édilité[2], devaient recouvrer le droit d'arriver aux honneurs (*jus honorum*)[3]. On l'avait du reste déjà accordé à quelques-uns, par exemple à C. Vibius Pansa[4], qui avait été tribun en 51; grâce aussi à l'intervention de César, probablement depuis 65, les proscrits avaient pu rentrer dans Rome sans crainte d'être inquiétés[5].

César fut arrêté dans sa marche sur l'Espagne par la révolte de Marseille. Marseille était une ville alliée; elle avait d'abord déclaré qu'elle voulait rester neutre, puis avait accueilli dans ses murs le vaincu de Corfinium, en le chargeant de la défendre contre César; L. Domitius Ahenobarbus voulait, en s'appuyant sur Marseille, prendre possession de la province de Gaule, dont le Sénat lui avait donné le gouvernement. César chargea D. Junius Brutus[6] et C. Trebonius d'assiéger Marseille par terre et par mer[7], et alla en Espagne. Après une série d'opérations militaires sur le fleuve Sicoris et autour d'Ilerda, César fit capituler, le 2 août[8], les deux lieutenants de Pompée dans l'Espagne citérieure, L. Afranius et M. Petreius; M. Terentius Varro, qui commandait dans l'Espagne ultérieure depuis 50[9], se soumit sans combat[10]. César licencia

[1] Dio C.. 41, 17.

[2] Cf. Vell., 2, 43.

[3] Dio C., 41, 18. 44, 47. Plut., *Cæs.*, 37 est d'un avis différent. La chronologie de Suet., *Cæs.*, 41, est très obscure.

[4] Dio C., 45, 17.

[5] Dio C., 44, 47. Cic., *Fam.*, 13, 5, 2.

[6] Cf. Cæs., *B. G.*, 3, 11.

[7] Cæc., *b. c.*, 1, 34-36. Dio C., 41, 19, Liv., *ep.*, 110. Vell., 2, 50. Suet., *Cæs.*, 34. Flor., 4, 2, 23. Oros., 6, 15.

[8] I. L. A., p. 398. Éphem. epigr., tome I, page 35. Cf. Cæs., *b. c.*, 2, 32.

[9] Cic., *Fam.*, 9, 13, 1.

[10] Cæs., *b. c.*, 1, 37-55. 59-87. 2, 17-21. Dio C., 41, 21-24. App., *b. c.*, 2, 42. Plut., *Cæs.*, 36. *Pomp.*, 65. Liv.. *ep*, 110. Vell., 2, 50. Suet. *Cæs.*, 34. 75. Flor., 4, 2, 26 et seq. Oros., 6, 15. Eutr., 6, 20. Front., *Strat.*, 1, 5, 9. 1, 8, 9. 2, 1, 11. 2, 5, 38. 2, 13, 6. 4, 7, 1.

les cinq légions d'Afranius et de Petreius, et laissa les deux chefs en liberté sans condition; il donna le gouvernement de l'Ultérieure à Q. Cassius Longinus, qui en qualité de tribun n'aurait pas dû quitter Rome; Cassius eut quatre légions, deux de Varro et deux de César[1]. En revenant d'Espagne, César reçut la soumission de Marseille qui s'était vaillamment défendue[2]. L. Domitius Ahenobarbus s'était enfui à temps pour ne pas être fait prisonnier[3].

César avait hâte d'arriver en Italie[4]. Ses lieutenants avaient sans doute remporté des succès : Q. Valerius avait enlevé sans combat la Sardaigne[5], dès le mois d'avril, à M. Aurelius Cotta, fils du consul de 74[6], qui avait été préteur en 55[7]; M. Porcius Cato n'avait pu défendre la Sicile[8] contre C. Scribonius Curio[9], qui était venu l'attaquer avec quatre légions; le 23 avril[10], Cato s'était embarqué à Syracuse[11]. Mais Curio avait échoué en Afrique[12]; chargé par César d'attaquer la province avec ses quatre légions[13], il commit l'imprudence[14] de n'en emmener que deux. L'Afrique était alors aux mains de P. Atius Varus; après la défaite d'Auximum, il s'était enfui dans cette province qu'il avait autrefois gouvernée en sortant de la préture, s'était emparé de l'administration sans titre légal, et avait refusé de céder le pouvoir à L. Ælius Tubero, régulièrement investi par le sénat; il avait même chassé ce dernier[15]. Attaqué

---

1) Cæs., b. c., 2, 21. Dio C., 41, 24. App., b. c., 2, 43.
2) Cæs., b. c., 1, 56-58. 2, 1-16. 21. Dio C., 41, 21. 25. Liv., ep., 110. Flor., 4, 2, 25. Oros., 6, 15. Cf. Cic., Att., 10, 10, 4. 10, 12, 6. 10, 14, 2.
3) Cæs., b. c., 2, 22.
4) Cæs., b. c., 2, 18.
5) Cæs., b. c., 1, 30. App., b. c., 2, 40. Dio C., 41, 18. Oros., 6, 15. Cf. Cic., Att., 10, 16, 3.
6) Val. Max., 5, 4, 4.
7) Cic., ad Q. fr., 3, 4, 11, lire Cotta au lieu de Cato.
8) Plut., Pomp., 61. Cf. Cic., Att., 7, 15, 2. 10, 12, 2.
9) Cf. Cic., Att., 10, 4, 9.
10) Cic., Att., 10, 16, 3.
11) Cæs., b. c., 1. 30. Plut., Cat. min., 53. App., b. c., 2, 40. 41. Dio C., 41, 41. Oros., 6, 15.
12) Cæs., b. c., 2, 32.
13) Cæs., b. c., 1, 30.
14) Cf. Cæs., b. c., 2, 3.
15) Cæs., b. c., 1, 30. Cic., Lig., 1, 3. 3, 9. 7, 21 et seq. 8, 25. 9, 27. Schol. Gron., p. 414. Dig., 1, 2, 2, 46.

par Curio, P. !Atius Varus fut d'abord battu; mais le roi
Juba vint à son secours[1], et défit Curio sur le Bagradas:
Curio fut tué[2] et son armée succomba presque toute entière.
En Illyrie aussi, un lieutenant de César, C. Antonius[3],
frère du tribun, dut se rendre[4] dans l'île Curicta[5] aux
généraux pompéiens M. Octavius et L. Scribonius Libo[6].
Maintenant l'Espagne pouvait être attaquée par l'Afrique[7], et
la Cisalpine était exposée à l'invasion d'une armée venant de
Macédoine[8].

Depuis que César avait quitté Rome, c'est-à-dire depuis le
mois d'avril, le préteur urbain M. Æmilius Lepidus avait
rempli les fonctionss des consuls absents; M. Antoine, malgré
sa qualité de tribun, avait surveillé l'Italie avec le titre de
lieutenant de Lepidus; César lui avait surtout confié le soin
de veiller sur les troupes[9], dont la fidélité était douteuse[10] :
la Cisalpine avait été administrée par M. Licinius Crassus[11],
le fils du triumvir mort en Asie, l'ancien questeur de César (54)[12]. Quand on avait connu à Rome le danger auquel
César s'était trouvé pendant quelque temps exposé à Ilerda,
un certain nombre de sénateurs et le préteur P. Rutilius
Lupus[13] s'étaient embarqués |pour aller rejoindre Pompée
à Thessalonique[14]. Cicéron avait persévéré dans son op-

---

[1] Cf. Cæs., *b. c.*, 1, 6.

[2] Cæs.. *b. c.*, 2, 23-44. 3, 10. *b. Afr.*, 19. Dio C., 41, 41. App., *b. c.*,
2, 44-46. Liv., *ep.*, 110. Vell., 2, 55. Suet., *Cæs.*, 36. Flor., 4, 2, 34.
Oros., 6, 15. Front., *Strat.*, 2, 5, 40. Schol. Bob., p. 330.

[3] App., *b. c.*, 2, 41.

[4] Dio C., 41, 40. 42, 11. App., *b. c.*, 2, 47. Cf. *Illyr.*, 12. Lucan., 4,
401 et seq. Schol. ad Luc., 4, 406. Liv., *ep.*, 110. Suet., *Cæs.*, 36. Flor.,
4, 2, 31. Oros., 6, 15.

[5] Cæs., *b. c.*, 3, 10. Cf. 3, 67. 3, 4, 2.

[6] Cf. Cæs,, *b. c.*, 3, 9.

[7] Cf. Cæs., *b. c.*, 1, 39. 60.

[8] Cf. Cic., *Att.*, 10, 6, 3. 10, 9, 1.

[9] App., *b. c.*, 2, 41. Plut.; *Ant.*, 6. Dio C., 41, 18. Cic., *Phil.*, 2, 23,
57. *Att.*; 10, 8, 10. 10, 8 A. 10, 10, 2.

[10] Cf. Cic., *Att.*, 10, 16, 4.

[11] App., *b. c.*, 2, 41.

[12] Cæs., *B. G.*, 5, 24.

[13] Cæs., *b. c.*, 3, 55.

[14] Cæs., *b. c.*, 1, 53. Dio C., 41, 18. 21,

position [1], malgré les sollicitations de M. Cœlius Rufus [2], de M. Antoine [3], et de César lui-même [4] qui lui avait pardonné de n'être pas venu au Sénat [5]; malgré la défense formelle de s'éloigner qui lui avait été signifiée par M. Antoine [6], il partit le 7 juin [7] pour la Grèce [8] sans avoir cependant la moindre illusion sur le succès de Pompée [9]. Quand les nouvelles du succès définitif de César furent arrivées, Lépidus, qui avait fait répandre le bruit d'une prochaine convocation des comices électoraux sous sa présidence, mais avait dû renoncer à ce projet tout à fait illégal [10], Lepidus fit voter par le peuple la loi *Æmilia de dictatore creando*, et nomma, en vertu de cette loi, César dictateur [11]. Il pouvait justifier cette nomination par un précédent. Sylla avait été nommé dictateur par un interroi en vertu de la loi Valeria [12].

César apprit sa nomination sous les murs de Marseille [13], mais il attendit d'être rentré à Rome pour prendre possession de la dictature. En route, à Plaisance, il dut calmer une révolte de la neuvième légion : elle prétendait que César lui avait promis de mettre la ville au pillage [14], et avait été déçue [15].

[1] Cic., *Att.*, 10, 4, 12. 10, 5, 1. 10, 6, 1. *Fam.*, 5, 19. *Lig.*, 3, 6.

[2] Cic., *Fam.*, 8, 16 = *Att.*, 10, 9 A. Cf. *Fam.*, 2, 16.

[3] Cic., *Att.*, 10, 8 A.

[4] Cic., *Att.*, 10, 8 B.

[5] Cic., *Att.*, 10, 3 A, 2. Cf. 10, 8, 3.

[6] Cic., *Att.*, 10, 10, 2. 10, 12, 1. 10, 13, 2.

[7] Cic., *Fam.*, 14, 7 ; la date donnée 14, 14 est certainement altérée ; il faut lire dans ce passage *VIII Kal. febr.*

[8] Dio C., 41, 18. Plut., *Cic.*, 38.

[9] Cic., *Fam.*, 6, 6, 6. 6, 1, 3. 7, 3, 1. 9, 5, 2. *Att.*, 11, 12, |1. *Marc.*, 5, 14.

[10] Cic., *Att.*, 9, 9, 3. 9, 15, 2. Cf. 10, 4, 11. Les fonctions du préteur étaient surtout des fonctions judiciaires; il pouvait convoquer les comices centuriates, quand les comices devaient s'occuper d'affaires judiciaires, mais non quand ils devaient voter des lois, ni quand ils étaient destinés à nommer les consuls, les préteurs et les censeurs. (Cic., *de Leg.*, 3, 4, 10. Gell., 13, 15. Cf. Varr., *l. l.*, 6, 9, 3.) [N. D. T.].

[11] Cæs., *b. c.*, 2, 21. Dio C., 41, 36. Cf. App., *b. c.* 2, 48. Plut., *Cæs.*, 37. Eutr., 6, 20, s'est trompé, 1. L. A., p. 451.

[12] Cic., *Att.*, 9, 15, 2.

[13] Cæs., *b. c.*, 2, 21.

[14] Suet., *Cæs.*, 65 et seq.

[15] Dio C., 41, 26-35. App., *b. c.*, 2, 47. Suet., *Cæs.*, 69. Front., *Strat.*, 4, 5, 2.

César prit possession de la dictature, aussitôt qu'il fut entré dans Rome, fin novembre ; il commit d'abord une illégalité en ne nommant pas de maître de la cavalerie. Il ne considérait la dictature que comme un moyen d'arriver au consulat, voilà pourquoi il ne la conserva que pendant onze jours [1]. Pendant ces onze jours il réunit les comices consulaires, et se fit nommer consul avec P. Servilius Vatia Isauricus [2]. On réunit aussi les comices pour la nomination des autres magistrats [3] ; naturellement on n'élut que des partisans de César. Les préteurs furent M. Cælius Rufus [4], qui avait accompagné César en Espagne [5] ; C. Trebonius [6], qui avait soumis Marseille ; Q. Pedius [7], neveu de César [8] ; P. Sulpicius Rufus [9], qui avait été le lieutenant de César d'abord en Gaule, puis en Espagne [10] ; enfin C. Vibius Pansa [11]. César fit remplacer les membres décédés des collèges sacerdotaux, mais négligea de suivre les procédés ordinaires [12]. Il fit aussi célébrer les féries latines [13] qui, par suite du départ des consuls, n'avaient pu avoir lieu au commencement de l'année [14].

Il chargea quelques préteurs et quelques tribuns, entre autres M. Antoine, qui resta en fonctions jusqu'au 10 décembre [15], de présenter des propositions [16] au peuple pour faire rapporter les condamnations prononcées contre plusieurs personnages en vertu de la loi de Pompée sur la brigue (*lex*

[1]) Cæs., *b. c.*, 3, 2. App., *b. c.*, 2, 48. Plut., *Cæs.*, 37. Zon., 10, 8.
[2]) Cæs., *b. c.*, 3, 1. Dio C., 41, 43. App., *b. c.*, 2, 48. Plut. *Cæs.*, 37. Zon., 10, 8.
[3]) Cæs., *b. c.*, 3, 2. Dio C., 41, 36.
[4]) Cæs., *b. c.*, 3, 20.
[5]) Cic., *Fam.*, 8, 16, 4. 8, 17, 1.
[6]) Cæs., *b. c.*, 3, 20.
[7]) Cæs., *b. c.*, 3, 22.
[8]) Suet., *Cæs.*, 83. Cf. Cæs., *B. G.*, 2, 2. Cic., *Att.*, 9, 14, 1.
[9]) Cæs., *b. c.*, 3, 101.
[10]) Cæs., *B. G.*, 4, 22. 7, 90. *b. c.*, 1, 74.
[11]) Cic., *Att.*, 11, 6, 3.
[12]) Dio C., 41, 36.
[13]) Cæs., *b. c.*, 3, 2.
[14]) Cf. Dio C., 41, 14.
[15]) Cic., *Phil.*, 2, 23, 56. 2, 38, 98.
[16]) Cic., *Att.*, 9, 14, 2. 10, 4, 8, 10, 8, 2. 10, 13, 1. 10, 14, 3.

*Pompeia de ambitu*) [1]. Ces propositions durent viser quelques autres condamnés, comme C. Claudius [2] et A. Gabinius, qui paraissent avoir été rappelés à ce moment [3]. Mais il ne faut pas ajouter foi aux sources grecques qui attribuent à César une loi générale sur le rappel des condamnés (*lex Julia de reditu damnatorum*), dont Milon seul aurait été excepté [4]; le témoignage formel de César infirme cette affirmation, et aussi le fait que C. Antonius, l'ancien collègue de Cicéron, condamné en 59, ne fut pas grâcié à ce moment [5].

Pendant les onze jours de la dictature, César fit voter par le peuple d'autres lois très importantes; par exemple une loi annoncée depuis longtemps, qui accordait le droit de cité aux Latins de la Transpadane; elle est connue sous le titre de *lex Julia de civitate transpadanis danda* [6]. Cependant la Cisalpine resta province romaine, et les juridictions des magistrats municipaux furent maintenues. Pour régler les rapports de ces juridictions avec celle des préteurs, César fit présenter une loi par le tribun Rubrius, qui venait d'entrer en fonctions (10 décembre 49) : *lex Rubria de civitate Galliæ cisalpinæ*. Nous connaissons quelques dispositions de cette loi [7]. César tint aussi la promesse qu'il avait faite autrefois aux habitants de Gadès : il leur accorda le droit de cité par la *lex Julia de civitate Gaditanis danda* [8]. Il dut aussi faire une loi (*lex Julia de agris Massiliensium*) pour régler le sort de la cité vaincue [9].

Une des plus importantes fut la *lex Julia de pecuniis mutuis*; César se garda bien de proposer la suppression complète des dettes (*novæ tabulæ*) [10] comme on le craignait; il s'appliqua surtout à prendre les mesures nécessaires pour relever

---

[1]) Cæs., *b. c.*, 3, 1. Cf. Suet., *Cæs.*, 41.
[2]) Cic., *Fam.*, 11, 22, 1. Cf. 8, 8, 2.
[3]) Cf. Cic., *Att.*, 10, 8, 3. App., *b. c.*, 2, 58. Cæs., *b. Alex.*, 42.
[4]) Dio C., 41, 36. 42, 24. App., *b. c.*, 2, 48. Plut., *Cæs.*, 37. Zon., 10, 8.
[5]) Cic., *Phil.*, 2, 23, 56. 2, 38, 98. Dio C.. 45, 47. 46, 15.
[6]) Dio C., 41, 36. Cf. Tac., *Ann.*, 11, 24. Cic., *Phil.*, 12, 4, 10.
[7]) I. L. A., p. 115.
[8]) Dio C., 41, 24. Liv., *ep.*, 110.
[9]) Dio C., 41, 25. Cf. Cic., *Phil.*, 8, 6, 19. 13, 15, 32.
[10]) Cic., *Att.*, 7, 11, 1. 10, 8, 2.

le crédit ébranlé par la guerre civile [1]. Il supprima les intérêts dus depuis le commencement de la guerre civile [2], et décida que l'on retrancherait du capital les intérêts qui auraient été payés [3] ; les créanciers furent tenus d'accepter comme paiement les biens des débiteurs estimés non d'après leur valeur actuelle qui était fort dépréciée [4], mais d'après la valeur qu'ils avaient au commencement de la guerre : des arbitres (*arbitri*) devaient être nommés pour fixer cette valeur [5]. Les particuliers gardaient l'argent chez eux [6], ce qui gênait beaucoup le commerce : César remit en vigueur une ancienne loi en vertu de laquelle personne ne devait garder plus de 15,000 deniers en numéraire (60,000 sesterces) [7]. Les créanciers ne furent guère désintéressés avant l'année 47 [8] : il perdirent les intérêts de deux ans, c'est-à-dire 24 0/0, environ le quart de leur capital [9] ; c'était bien là une mesure législative qui empiétait sur le droit privé ; mais elle peut être justifiée par les circonstances ; on peut la considérer comme une imposition extraordinaire des créanciers, elle ne mérite donc pas tous les reproches que lui a adressés plus tard Cicéron [10] ; rappelons tout de suite que cette loi fut violemment attaquée plus tard par M. Cælius Rufus et par P. Cornelius Dolabella, non pas au point de vue des créanciers, mais au point de vue des débiteurs que ces deux personnages prétendaient n'avoir pas été suffisamment favorisés. César fit un raisonnement bien simple : il trouva que dans un temps de crise il fallait favoriser la circulation du numéraire par des mesures exceptionnelles ; il était bien loin de vouloir persécuter les capitalistes ; ainsi il refusa de promettre une récom-

[1] Cæs., *b. c.*, 3, 1.
[2] Dio C., 42, 51. Les tribuns présentèrent aussi plusieurs lois pour fixer à un chiffre raisonnable le taux de l'intérêt. (Dio C., 41, 37.)
[3] Suet., *Cæs.*, 42. Plut., *Cæs.*, 37.
[4] Cf. Cic., *Att.*, 9, 9, 4.
[5] Cæs., *b. c.*, 3, 1. 20. Suet., *Cæs.*, 42. Dio C., 41, 37. 42, 22. 51. App., *b. c.*, 2, 48.
[6] Cf. Cic., *Att.*, 9, 9, 4.
[7] Dio C., 41, 38.
[8] Dio C., 42, 51.
[9] Suet., *Cæs.*, 42.
[10] Cic., *de Off.*, 2, 24, 84.

pense aux esclaves qui dénonceraient leurs maîtres, quand ces derniers ne se conformeraient pas au dernier article de la loi [1]. Quant à l'abandon des biens pour le paiement des dettes, nous ne savons pas si César en fit un article de sa loi Julia, ou une loi particulière que les légistes mentionnent parfois sous le nom de *lex Julia de bonorum cessione* [2].

Avant de quitter Rome, César fit au peuple la distribution de blé qu'il avait promise [3]. Il se fit ensuite autoriser par un sénatus-consulte à ne rendre aucun compte pour les mesures qu'il prendrait jusqu'au jour où il inaugurerait son consulat et pendant tout son consulat [4]. Zumpt a tort de prétendre que ce sénatus-consulte fut voté dès le mois d'avril pour donner plus d'extension au pouvoir proconsulaire de César. Ce sénatus-consulte marqua la fin de discussions très longues, pendant lesquelles le beau-père de César, L. Calpurnius Piso [5], invita son gendre à se réconcilier avec Pompée ; cette demande fut violemment écartée par P. Servilius Isauricus [6]. Pendant ces débats le sénat décida encore que Juba serait considéré comme ennemi du peuple romain ; le sénat donna le titre de roi aux deux princes de la Mauritanie, Bocchus, qui eut la partie orientale, Bogud, la partie occidentale [7].

César usa de son pouvoir dictatorial pour nommer les gouverneurs des provinces ; il envoya dans la Gaule cisalpine M. Calidius, qui mourut bientôt à Plaisance [8] ; dans la Gaule ultérieure D. Junius Brutus ; en Sardaigne Sex. Peducæus, le fils de l'ancien gouverneur de Sicile (75) [9] ; en Sicile A. Allienus [10], qui sortait alors de la préture ; l'Espagne citérieure

---

[1]) Dio C., 41, 38.
[2]) Gaj., 3, 78. Cod. Theod., 4, 20. Cod. Just., 7, 71, 4.
[3]) App., *b. c.*, 2, 48.
[4]) Dio C., 41, 38.
[5]) Il s'était enfui en janvier, puis était revenu : Cic., *Att.*, 7, 13 a, 1. *Fam.*, 14, 14, 2.
[6]) Plut., *Cæs.*, 37. Cf. Dio C., 41, 16.
[7]) Dio C., 41, 42.
[8]) Hieron., *ad Eus. chron.*, p. 137 Schœne.
[9]) Cic., *Att.*, 10, 1, 1. 4. 13, 1, 3. Cf. 7, 13 a, 3. 7, 14, 3. 7, 17, 1. 9, 7, 2. 9, 10, 10.
[10]) Cf. App., *b. c.*, 2, 48. Cæs., *b. Afr.*, 2, 26. 34. Cic., *Fam.*, 13, 78, 79. I. L. A., p. 451.

fut donnée à M. Æmilius Lepidus [1] ; nous savons qu'il avait déjà disposé de l'Espagne ultérieure en faveur de Q. Cassius Longinus (voir plus haut, page 466). Dans la seconde moitié de décembre, César se rendit à Brindes ; il en partit le 4 janvier 48 avec six légions, la moitié de son armée, pour gagner l'Épire [2].

Pompée avait eu le temps d'organiser son armée et de rassembler une flotte. M. Calpurnius Bibulus, l'adversaire le plus décidé de César, revenu de Syrie en mars 49 [3], avait pris le commandement supérieur des forces navales [4]. Le consul Lentulus avait formé deux légions en Asie [5] ; on attendait de nouveaux renforts promis par Q. Metellus Scipio qui faisait des levées en Syrie et épuisait la province [6]. Pompée ne manquait pas d'argent [7]. T. Antistius, qui n'avait pas été relevé de ses fonctions de questeur en Macédoine, frappait tous les mois une grande quantité d'argent à Apollonie [8] ; mais l'influence de Pompée était minée par la base. Son attitude permettait de supposer qu'il recommencerait l'œuvre de Sylla [9] : les optimates qui l'avaient suivi, poussés par l'égoïsme et l'inquiétude [10], le répétaient à qui voulait l'entendre [11]. Il en résulta un défaut d'entente qui empêcha de prendre les résolutions énergiques quand il fallait agir sans hésitation, une défiance sourde qui paralysa la résistance [12]. Ajoutez que Pompée ne pouvait pas avoir une absolue confiance dans ses

[1] App., *b. c.*, 2, 48. Cæs., *b. Alex.*, 59.
[2] Cæs., *b. c.*, 3, 2. 6 et seq. Dio C., 41, 39. 44. App., *b. c.*, 2, 48. 52 et seq. Plut., *Cæs.*, 37. *Pomp.*, 65. Liv., *ep.*, 110.
[3] Cic., *Att.*, 9, 9, 2.
[4] Cæs., *b. c.*, 3, 3 et seq. App., *b. c.*, 2, 49. Plut., *Pomp.*, 64. Dio C., 41, 44. Plut., *Cat. min.*, 54. Vell., 2, 51.
[5] Cæs., *b. c.*, 3, 4. Jos., *Ant. Jud.*, 14, 10, 13. 14. 16. 18. 19.
[6] Cæs., *b. c.*, 3, 4. 31 et seq. App., *b. c.*, 2, 60. Cf. Plut., *Syncr.*, 4. Jos., *b. Jud.*, 1, 9, 2.
[7] Cæs., *b. c.*, 3, 3.
[8] Cic., *Fam.*, 13, 29, 3.
[9] Cic., *Att.*, 9, 7, 3. 9, 10, 2. 10, 7, 1.
[10] Cic., *Att.*, 9, 11, 3. *Fam.*, 4, 14, 2. 6, 21, 1. 7, 3, 2. 9, 6, 3. *Marc.*, 5, 15. *Phil.*, 2, 15, 38. Vell., 2, 51.
[11] Cæs., *b. c.*, 3, 82. Cic., *Fam.*, 7, 3, 2. App., *b. c.*, 2, 65 et seq. Plut., *Pomp.*, 66. *Syncr.*, 4. *Cæs.*, 40 et seq. Vell., 2, 52. Obseq., 65.
[12] Plut., *Cat. min.*, 54. *Pomp.*, 67. *Cic.*, 38. App., *b. c.*, 2, 69.

troupes réunies à la hâte [1]. Jusqu'alors les Pompéiens
avaient pour eux les apparences de la légalité : les consuls
étaient avec eux, mais les pouvoirs de ces derniers prirent fin
en 49. On imagina bien de considérer Thessalonique comme le
siège du gouvernement légal et du sénat : on organisa un
*auguraculum* pour permettre de prendre les auspices ; mais
on ne pouvait renouveler en faveur des consuls la loi curiate,
ni considérer les deux cents sénateurs présents [2] comme les
représentants du peuple romain. Les consuls ne pouvant
convoquer les centuries on renonça au projet de nommer
de nouveaux consuls ; on crut pouvoir respecter les lois en
considérant les consuls de 49 comme investis du pouvoir
proconsulaire sous la haute autorité de Pompée ; ils pouvaient prendre ce titre sans loi curiate [3].

Le parti de Pompée manquait d'un chef énergique pour
diriger les opérations militaires ; on le vit bien à la mort de
M. Bibulus [4] ; Pompée commit la faute de ne pas lui donner
de successeur, et cette faute eut pour résultat d'affaiblir l'ac-
tion qu'aurait pu exercer la flotte [5]. Voyant cette irrésolution,
César, pour gagner du temps, essaya de nouveau de négocier [6] avec L. Vibullius Rufus, tombé par deux fois entre ses
mains ; il réussit ainsi à se maintenir sur la côte jusqu'à l'arrivée longtemps attendue de la seconde partie de son armée
que devait lui amener M. Antoine [7] ; il réussit aussi à empêcher pendant quelque temps la jonction de l'armée de Scipio
avec celle de Pompée [8] ; il amusa également Scipio par des
offres de transaction [9]. César cependant éprouva un grand

[1]) Cæs., *b. c.*, 3, 13. 19. 61. Cic., *Fam.*, 4, 7, 2. 7, 3, 1. 6, 1, 5.
[2]) Dio C., 41, 25. 42. Plut., *Pomp.*, 65. *Cat. min.*, 53.
[3]) Dio C., 41, 43. Cf. Plut., *Pomp.*, 64. *Syncr.*, 4.
[4]) Cæs., *b. c.*, 3, 18. Dio C., 41, 48. Oros., 6, 15. Cic., *Brut.*, 77,
267.
[5]) App., *b. c.*, 2, 71. Plut., *Pomp.*, 76.
[6]) Cæs., *b. c.*, 3, 10. 15 et seq., 18. Plut., *Pomp.*, 65. Dio C., 41, 47.
[7]) Cæs., *b. c.*, 3, 7-19. 23-30. App., *b. c.*, 2, 54-59. Dio C., 41, 45-48.
Plut., *Cæs.*, 38. *Ant.*, 7, Suet., *Cæs.*, 58. Flor., 4, 2, 35 et seq. Val. Max.,
9, 8, 2.
[8]) Cæs., *b. c.*, 3, 34-38. 55. 57. App., *b. c*, 2, 60. Dio C., 41, 51.
[9]) Cæs., *b. c.*, 3, 57. 90.

échec[1] à la suite des nombreux combats qui furent livrés autour de Dyrrachium[2]. Mais Pompée ne sut pas en profiter ; dominé par ses conseillers, il commit la faute de ne pas revenir en Italie avec sa flotte, et de suivre César qui l'entraînait en Thessalie[3].

Les consulaires et les prétoriens du camp de Pompée comptaient d'une manière certaine sur la victoire, surtout depuis leur jonction avec l'armée de Scipio ; ils s'étaient déjà partagé les sacerdoces et les consulats des années suivantes, les biens et les jardins des Césariens : L. Domitius Ahenobarbus, Q. Metellus Scipio et P. Lentulus Spinther se disputaient déjà la dignité de grand pontife, qui appartenait alors à César. L. Domitius avait déjà arrêté un projet de loi, en vertu duquel un tribunal composé de sénateurs pompéiens, serait chargé de condamner à la peine de mort ou à l'amende les adversaires de Pompée. On discutait des questions comme celle-ci : C. Lucilius Hirrus, envoyé par Pompée auprès du roi des Parthes, et retenu prisonnier par ce dernier[4], devrait-il être, ou non, candidat aux futures élections de préteur[5] ?

Combien grandes furent la douleur et la surprise des Pompéiens, quand ils furent battus à Pharsale[6]. Le combat fut livré le 9 août 48[7]. Pompée fut complètement battu, son camp fut pillé, et les survivants furent obligés de capituler[8]. Dix séna-

---

[1]) Cæs., b. c., 3, 58-72. App., b. c., 2, 61. Plut., Pomp., 65. Cæs., 39. Cat. min., 54. Liv., ep., 111. Vell., 2, 51. Oros., 6, 15. Suet., Cæs., 36. 68. Eutr., 6, 20.

[2]) Cæs., b. c., 3, 39-54. 56. App., b. c., 2, 60. Dio C., 41, 49. Flor., 4, 2, 38 et seq. Suet., Cæs., 35. 68. Cic., Fam., 9, 9, 2. Val. Max., 3, 2, 23. Front., Strat., 3, 17, 4.

[3]) Cæs., b. c., 3, 73-81. App., b. c., 2, 63-65, Dio C., 41, 51. Plut., Pomp., 66. Cæs., 39 et seq. Cat. min., 55. Vell., 2, 52. Cf. Val. Max., 1, 6, 12.

[4]) Cf. Dio C., 41, 55. 42, 2.

[5]) Cæs., b. c., 3, 82. Cic., Att., 11, 6, 2. 6. Suet., Ner., 2. App., b. c., 2, 69. Plut., Cæs., 42, Pomp., 67,

[6]) Dio C., 31, 53-57.

[7]) I. L. A., p. 328. 398.

[8]) Cæs., b. c., 3, 84-99. Dio C., 41, 58-61. App., b. c., 2, 68-82. Plut, Pomp., 68-72. Cæs., 42-47. Ant., 8. Zon., 10, 8. Liv., ep., 111. Cic., Fam., 7, 3, 2. Vell., 2, 52. Suet., Cæs., 35. Flor., 4, 2, 43-50. Eutr., 6, 20. Oros., 6, 15. Front., Strat., 2, 3, 22. 4, 7, 32. Val. Max., 1, 16, 12.

teurs succombèrent, dont L. Domitius Anehobarbus[1]. Pompée s'enfuit sur un vaisseau marchand de Larisse à Lesbos[2], et de là en Égypte où il arriva après bien des pérégrinations[3]. Il fut bien accueilli par le jeune Ptolémée, fils de Ptolémée Aulètes, que Pompée avait replacé sur son trône ; malgré la protection du roi, Pompée fut assassiné le 28 septembre[4], la veille de l'anniversaire de sa naissance[5] : le même jour il avait célébré son triomphe sur Mithridate.

[1]) Cæs., *b. c.*, 3, 99. App., *b. c.*, 2, 82. Cic., *Phil.*, 2, 29, 71.

[2]) Cæs., *b. c.*, 3, 96. 102. Val. Max., 4, 5, 5. App., *b. c.*, 2, 81. 83. 5, 133. Plut., *Pomp.*, 73 et seq. Dio C., 42, 1 et seq.

[3]) Cic., *Phil.*, 2, 15, 39. Val. Max., 1, 5, 6.

[4]) Cæs., *b. c.*, 3, 103. Dio C., 42, 2 et seq. App., *b. c.*, 2, 83-86. Plut., *Pomp.*, 76-80. Cam., 19. *Brut.*, 33. Zon., 10, 9. Liv., *ep.*, 112. Vell., 2, 53. Flor., 4, 2, 51. Eutr., 6, 21. Oros., 6, 15. Aur. Vict., *Vir. ill.*, 77. Cic., *Att.*, 11, 6, 5. *de Div.*, 2, 9, 22. *Tusc.*, 3, 27, 66. 1, 35, 86.

[5]) Plin., *n. h.*, 37, 2, 6, 13.

# CHAPITRE VINGT ET UNIÈME

## LE PASSAGE A LA MONARCHIE

Pendant que César luttait contre Pompée, son collègue
P. Servilius Isauricus dirigeait les affaires à Rome [1]. On vit
bien dès le commencement de l'année [2] qu'il était plus facile
de troubler l'ordre par la guerre civile que de le rétablir. Un
des anciens partisans de César souleva les premières difficultés. César avait réparti les fonctions prétoriennes à sa fantaisie
sans recourir à la formalité du tirage au sort. M. Cælius Rufus
se plaignit de ce que la préture urbaine avait été donnée à
C. Trebonius [3]. Il se repentit alors de s'être laissé entraîner
par C. Scribonius Curio dans le parti de César; il conçut
l'espoir de gagner le peuple à la cause de Pompée, et de soulever Rome contre César [4]. Voici le moyen qu'il crut pouvoir
employer : il s'opposa à l'exécution de la loi Julia de pecuniis
mutuis, pensant bien que les débiteurs préféreraient ne pas
payer leurs dettes, plutôt que d'accepter les arrangements
proposés par César. Il opposa donc son intercession à toutes
les dispositions prises par C. Trebonius, surtout aux jugements
que rendit ce dernier en vertu de la loi Julia : il annonça même
qu'il prendrait sous sa protection tous les débiteurs qui refu-
seraient de payer leurs dettes [5]. Il s'était trompé dans ses
calculs en croyant que César n'avait pour lui que les usu-
riers [6]; les dispositions prises par César plaisaient aussi aux

[1] Dio C., 42, 17.
[2] Cæs., *b. c.*, 3, 20.
[3] Dio C., 42, 22.
[4] Cic., *Fam.*, 8, 17.
[5] Dio C., 42, 22. Cæs. *b. c.*, 3, 20.
[6] Cic., *Fam.*, 8, 17, 2.

débiteurs, et C. Trebonius d'ailleurs agit avec tellement de tact qu'aucun débiteur ne vint réclamer la protection de Cælius [1].

Alors Cælius proposa la *Rogatio cælia de creditis pecuniis sine usuris sexenni die solvendis :* les dettes devaient être remboursées en six ans, et pendant ces six ans on ne devait pas payer d'intérêts [2]. Le consul et les autres magistrats combattirent la proposition; alors Cælius alla plus loin, et rédigea deux nouvelles rogations, l'une en faveur des locataires, l'autre en faveur des débiteurs. La rogation *Cælia de mercedibus habitationum annuis* exemptait les locataires d'une année de loyer; la rogation *Cælia de tabulis novis* portait que les dettes seraient réduites dans des proportions très-avantageuses pour les débiteurs, et peut-être supprimées complètement [3].

Après des propositions pareilles Cælius trouva des partisans : il s'en servit pour chasser violemment son collègue C. Trebonius de son tribunal [4]. Le consul réunit le sénat sous la protection de soldats qui se rendaient en Gaule et se trouvaient alors par hasard aux environs de Rome; il proposa, en s'appuyant sur un vote du sénat (*senatus auctoritas*), — quelques tribuns s'opposèrent à ce qu'on rédigeât un sénatus-consulte — que l'on confisquât les tables sur lesquelles étaient inscrites les propositions du préteur. Cælius essaya de résister, le sénat s'empressa de voter un sénatus-consulte qui déclarait l'État en danger; Servilius défendit à Cælius de remplir ses fonctions, d'entrer au sénat, de réunir des assemblées; il fit briser sa chaise curule, et donna ses attributions à un autre préteur [5]. Cælius écrivit à son vieil ami T. Annius Milo pour l'inviter à rentrer en Italie ; profitant de ses anciennes relations avec les bandes de gladiateurs, il prépara une résistance armée. Sous le prétexte d'aller rejoindre César, Cælius quitta Rome, et se rendit à Capoue; il ne réussit pas à se rendre

---

[1] Cæs., *b. c.*, 3, 20.
[2] Cæs., *b. c.*, 3, 20.
[3] Cæs., *b. c.*, 3, 21. Dio C., 42, 23. Liv., *ep.*, 111. Vell., 2, 68.
[4] Cæs., *b. c.*, 3, 21. Dio C., 42, 22.
[5] Dio C., 42, 22. Cæs., *b. c.*, 3, 21. Liv., *ep.*, 111. Vell., 2, 68.

maître de la ville, et gagna l'Italie méridionale. Milo avait
groupé autour de lui des gladiateurs et des bergers, en pré-
tendant qu'il en avait reçu l'ordre de Pompée, et avait voulu
donner l'assaut à la forteresse de Compsa chez les Hirpins; il
fut pris par le préteur Q. Pédius qui était venu à sa rencontre
avec des troupes nombreuses. Cælius fut tué à Thurii par des
cavaliers de l'armée de César, au moment où il essayait de
les corrompre [1].

Quand on connut à Rome la victoire de Pharsale, sur laquelle
César n'envoya pas de rapport officiel [2], le peuple renversa
les statues de Pompée et de Sylla, qui se trouvaient aux
rostres [3]. Quand on apprit la mort de Pompée, quand on
n'eut plus aucun doute sur la victoire complète de César, vers
le milieu d'octobre, le sénat et le peuple commencèrent à voter
des résolutions en faveur de César [4]. On lui donna le droit de
punir les Pompéiens comme il l'entendrait, de faire la guerre,
de signer des traités de paix sans avoir à demander l'avis ni
l'approbation du peuple et du sénat; on l'autorisa à triompher
du roi Juba [5], qu'il allait certainement attaquer; on lui accorda
le droit de se présenter au consulat pendant cinq années
consécutives, de désigner au peuple les personnes qu'il fallait
élire aux différentes magistratures; on excepta cependant
le tribunat et l'édilité plébéienne; on supprima la loi Pompeia
de provinciis, et César put disposer des provinces prétoriennes,
sans avoir à les faire tirer au sort; on lui reconnut le privilège pour sa vie durant de prendre place sur le siège des
tribuns, et de jouir de tous les privilèges accordés aux tribuns;
il pouvait aussi user de l'intercession dans les comices
tenus par les tribuns pour l'élection des tribuns et des édiles
plébéiens [6]. Il fut encore décidé que César serait nommé
dictateur; ce fut le consul Servilius qui lui donna ce titre [7].

[1] Cæs., *b. c.*, 3, 21. Dio C., 42, 24. Liv., *ep.*, 111. Vell., 2, 68. Plin.,
*n. h.*, 2, 56, 57, 147. Oros., 6, 15. Hieron., *ad Eus. chron.*, p. 137. (Schöne.)
[2] Cic., *Phil.*, 14, 8, 23.
[3] Dio C., 42, 18.
[4] Dio C., 42, 19.
[5] Cf. Dio C., 43, 14.
[6] Dio C., 42, 20. Cf. 44, 4.
[7] Dio C., 42, 20.

La seconde dictature de César ne devait avoir rien de commun
avec la dictature ordinaire; elle ne lui fut pas donnée, comme
le pensent les historiens grecs [1], pour une année seulement;
elle se prolongea jusqu'à la fin de l'année 46 [2]. Elle res-
semblait à celle qu'avait exercée Sylla : elle n'était pas soumise
à des conditions de temps, c'était une *dictatura rei publicæ
constituendæ*.

Après Pharsale, César donna le gouvernement de l'Achaïe
à Q. Fufius Calenus [3]; il avait été son lieutenant en Gaule [4],
s'était rallié à son parti dès le début de la guerre civile [5],
l'avait suivi en Espagne [6], et avait rendu d'importants services
pendant la lutte contre Pompée [7]. L'Asie et les provinces voi-
sines furent données à Cn. Domitius Calvinus [8], qui avait
commandé en chef, en Macédoine, avant l'arrivée de César [9];
à la bataille de Pharsale, il avait dirigé les opérations du centre
de l'armée césarienne [10]. C. Vibius Pansa fut désigné pour le
gouvernement de la Bithynie à l'expiration de sa préture.
César, en poursuivant Pompée, s'arrêta quelque temps en
Asie [11]; il donna la liberté aux Cnidiens, et remit aux habitants
de l'Asie le tiers de leurs impôts [12]. Ensuite il se dirigea vers
Alexandrie avec deux légions qui n'étaient pas au complet et
huit cents cavaliers; en y arrivant au commencement d'octobre,
il apprit que Pompée venait de périr [13]. Il voulut trancher en
qualité de consul les rivalités qui avaient éclaté entre le jeune

[1]) Dio C., 42, 20. Plut., *Cæs.*, 51. Zon., 10, 10. Cf. Dio C., 42, 55. 43, 1.
45, 28. 46, 13. Oros., 6, 16. Eutr., 6, 23.

[2]) I. L. A., p. 440. Cf. 182. 448. 451.

[3]) Cic., *Att.*, 11, 8, 2. 11, 15, 2. 11, 16, 2. Cæs., *b. c.*, 3, 106 *b. Alex.*,
44. Cio C., 42, 6. 13. 14. Plut., *Brut.*, 8.

[4]) Cæs., *B. G.*, 8, 39.

[5]) Cic., *Att.*, 9, 5, 1.

[6]) Cæs., *b. c.*, 1, 87.

[7]) Cæs., *b. c.*, 3, 8. 14. 26. 55. App., *b. c.*, 2, 58. Plut., *Cæs.*, 43.

[8]) Cæs., *b. Alex.*, 34. Cf. 9. Cic., *Dej.*, 9, 24. Dio C., 42, 46.

[9]) Cæs., *b. c.*, 3, 34-38, 78. Dio C., 41, 51.

[10]) Cæs., *b. c.*, 3, 89. App., *b. c.*, 2, 76. Plut., *Cæs.*, 44. *Pomp.*, 69.

[11]) Cæs., *b. c.*, 3, 105. Dio C., 42, 6. App., *b. c.*, 2, 88.

[12]) Plut., *Cæs.*, 48. Cf. Dio C., 42, 6. App., *b. c.*, 5, 4.

[13]) Cæs., *b. c.*, 3, 106. Liv., *ep.*, 112. Dio C., 42, 7. App., *b. c.*, 2, 89.
Plut., *Pomp.*, 80. Val. Max., 5, 1, 10.

www.ingramcontent.com/pod-product-compliance
Ingram Content Group UK Ltd.
Pitfield, Milton Keynes, MK11 3LW, UK
UKHW020948140726
13695UKWH00003B/1280